KB057043

상권은 매출이다

부동산이 아니라 손님을 보는 상권분석 이야기

상권은 매출이다

송규봉 지음

넥스톤

| Proilogue |

결코 실패하면 안 되는 그 자리를 찾아

내가 태어날 무렵 부모님은 남도의 시골 읍내 시장에서 국수를 팔았다. 자라면서 메뉴도 바뀌었다. 국밥, 떡국, 백반, 곰탕. 대학에 입학할 무렵 온가족이 서울로 이사했다. 충무로에 식당을 열어 추어탕, 삼겹살, 돼지갈비를 팔았다. 식당을 처분하고 평생 모은 돈을 중장비 사업에 투자했다. 모두 잃었다. 지하층으로 이사하고 남은 돈으로 부모님은 작은 슈퍼마켓을 열어 노년을 보내고 은퇴했다.

미국 유학 시절 경영연구소에서 일했다. 필라델피아에 이민 와 있던 동갑내기 친구를 사귀게 되었다. 친구네는 부자였다. 자가용 운전수만 3명이라 했다. IMF 외환위기 때 부모님 회사가 부도났다. 온가족이 미국으로 이민을 왔다. '막내도련님'은 세탁소에서 일했다. 형님 부부는 7년, 친구 부부는 5년 동안 세탁소에서 일했다. 한여름, 뜨거운 수증기에 친구는 손등이 벌겋게 벗겨져 붕대를 감고 일했다.

어느 날 친구가 찾아왔다. "형님네랑 우리 부부가 지금까지 모은 전재산을 투자해서 세탁소 하나를 인수하려고 해. 좀 도와줘.

미안하지만 컨설팅 비용은 줄 수 없을 것 같아."

연구소에 일하면서 미국 전역의 인구, 주택, 일자리를 분석했지만 세탁소 입지를 분석해본 경험은 없었다. 세탁소 사업에 대해 아는 것도 전혀 없었다. 하지만 친구의 눈빛과 붕대 감은 손을 보고 있자니 도저히 거절할 수 없었다.

주말이면 친구가 일하는 세탁소로 찾아갔다.

"어떤 손님이 세탁소에서 진짜 돈이 돼?"

"아이들은 많고 부부가 맞벌이인데 소득은 높은 가족들! 주로 백인들이지."

"왜?"

"돈은 있는데 시간이 없잖아. 그러니 양말부터 속옷까지 몽땅 세탁소에 맡기거든."

"두 번째는?"

"유니폼 입고 근무하는 큰 기업이 있는 곳."

"그다음은?"

"식탁보 물량이 많은 대형 레스토랑이나 침대 시트가 계속 나오는 호텔이 있는 곳."

"주로 언제 세탁물을 맡겨?"

"출근길에 맡기고 퇴근길에 찾아가."

친구가 불러준 내용을 한 글자도 빼놓지 않고 노트에 기록했다. 그러고는 아무도 없는 연구소로 갔다. 컴퓨터 모니터에 인구, 가구, 주택, 사업체, 소득 데이터를 띄웠다. 친구가 검토해달라고 부탁한 지역을 지리정보시스템(GIS)에서 화면 가득 확대했다. 세탁소의 매출액과 종업원 데이터는 별도로 구매해 전자지도 위에 입력했다. 통계청 데이터에서 어린이, 기혼부부, 평균소득, 인종 관련 정보를 추려냈다. 산업코드를 확인해 대기업·대형식당·호텔 종업원수 데이터를 지도 위에 중첩시켰다. 친구 말대로 출퇴근 동선과 초·중·고 학교의 위치도 고려했다.

한 달 후 보고서를 만들어 친구네로 찾아갔다. 커다란 식탁에는 명절 때나 볼 수 있는 잡채, 갈비, 부침개가 차려져 있었다. 떨리는 마음으로 20개 후보 세탁소의 입지와 상권분석 결과를 설명했다. 데이터 분석상으로는 8번 세탁소가 가장 좋은 입지에 있다고 결론지었다. 친구와 형님의 얼굴에서 눈을 뗄 수가 없었다. 두 사람 모두 표정이 밝았다. 친구가 말했다. "우리 가족끼리 우선순위를 정해봤는데 네 분석결과와 일치해. 그래서 더 안심하고 그 세탁소를 인수할 수 있을 것 같아."

몇 달 후 친구네는 8번 세탁소를 인수했다. 더 불안했다. 주말마다 세탁소에 찾아갔다. "어때, 매상은? 아이 많은 부부 손님들이 진짜 와?"

그 후로도 초조한 시간이 흘렀다. 천만다행으로 세탁소는 금방 자리를 잡았다. 잊을 수 없는 내 인생 1호 상권분석 프로젝트였다. 친구네는 더 좋은 집으로 옮겼고 형편도 나아졌다. 지금도 친구네와 연락하고 지낸다. 친구가 한국에 오면 서로 만나 옛날이야기를 나누곤 한다.

그로부터 20년 가까운 세월이 흘렀다. 한국에 돌아와서는 주로 대기업, 금융권, 유통사, 건설사, 프랜차이즈, 공공기관을 위해 상권 데이터를 분석했다. 전국을 대상으로 수백 수천만 고객의 소비 패턴을 분석해 매출예측 통계모형을 만들거나 출점전략을 수립했다. 개인 창업자를 대상으로 데이터를 분석할 기회는 거의 없었다. 가끔 가족, 친지, 지인, 제자들이 요청할 때에만 개인적인 분석 작업을 했다.

5년 전부터 상권분석 연구서를 조금씩 집필해왔다. '빅데이터 시대의 상권분석'이라는 제목 아래 300쪽 분량을 목표로 3분의 2가량 집필을 끝냈다. 그 무렵 외부 강의가 늘어나면서 개인 창업자나 매장을 운영하고 있는 자영업자들을 만날 기회가 많아졌다. 내가 다루는 지식과 데이터가 그분들에게는 '그림의 떡'이거나 '딴 세상 이야기'였다. 막대한 예산을 동원할 수 있는 대기업이나 공공기관만의 작업이었다. '빅데이터'와 '통계모형'은 대학원 밖에서는 쉽게 사용할 수 없는 소수의 관심사였다.

집필 방향을 완전히 바꾸게 된 결정적 계기는 '배달의민족'에서 운영하는 배민아카데미에서 찾아왔다. 새벽까지 장사를 마치고 오전에 상권분석 강의를 들으러 온 사장님들이 많았다. 첫 강의에서 빅데이터 중심의 상권분석을 설명했다. 반응이 싸늘했다. 다행히 만회할 기회가 주어졌다. 아카데미 운영책임자에게 사전 질문을 모아달라고 부탁했다. 두 번째 강의에는 사전질문 7가지에 대한 답변을 이어갔다. 수강생들의 표정이 한결 나아졌다.

강의가 끝나면 배민아카데미 운영진이 꼼꼼한 강의평과 녹화영상을 보내주었다. 6회에 걸친 강의영상을 돌아보며 흥미로운 패턴을 발견했다. 언제 수강생들이 더 몰입하고 더 공감하고 더 질문하는지 교육내용과 교차분석을 해보았다.

첫째, 이론이 아닌 실제 대한민국에서 벌어진 생생한 사례를 원했다.

둘째, 빅데이터나 통계모형처럼 복잡하고 어려운 내용이 아니라 자신이 스스로 할 수 있는 현실적인 방법을 원했다.

셋째, 상권과 유행이 바뀌어도 지속적으로 적용할 수 있는 근본적인 원리를 터득하고 싶어 했다.

넷째, 힘겨운 세상살이에 격려와 용기를 주는 사례에 더 큰 호응이 있었다.

아무도 실패를 원하지 않는다. 하지만 매년 90만 사업자가 폐업하고 있다. 전체 산업 분야에서 창업 5년 후 생존율은 30%이며 식당의 경우는 17% 수준이다. 자영업자들에게 경영이 어려워진 이유를 물었더니 첫 번째로 '상권 쇠퇴'를 꼽았다.

상권이 문제라면, 상권을 알아야 하지 않겠는가? 더욱이 세상은 끊임없이 변하기에 상권분석은 창업 때뿐 아니라 일상적으로 해야 한다. 상권분석이 습관처럼 되어야 대응력이 높아져 미래의 상권변화에 성공적으로 대응할 수 있지 않겠는가? 그러려면 어떻게 해야 할까? 사업을 하면서 만나게 될 현실은 이 책에서 소개하는 한정된 사례와 비교할 수 없을 정도로 다양하고 복잡할 것이다. 어떻게 하면 본질적인 상권분석 능력을 가질 수 있을까?

애초 빅데이터 중심으로 작성했던 200쪽 분량의 원고를 모두 버렸다. 그러고는 힘겹게 장사하며 노력하는 자영업 종사자들에게 힘이 될 만한 실제 사례를 취재하기 시작했다.

이 책에는 23명의 등장인물이 나온다. 모두 실존 인물들의 실제 이야기다. 초역세권 압구정동에서 이자카야를 운영하다 유동인구가 전혀 없는 시골에 가서 막국수 전문점으로 일매출 800만 원을 내고 있는 부부 이야기, 창업비용이 부족해 외진 입지에 매장을 열어 최상위권 매출을 올린 곰탕집 사장님, 스타벅스 바로 옆에 출점해 경기도 매출 상위 3%를 기록한 40대 커피전문점 사장님, 일곱 번의 실패 후 3년간 준비해 다시 도전한 노점상으로 지역 명물이 된 30대 제빵사… 이들의 이야기는 상권분석의 필요성과 노하우는 물론 상권의 어려움과 극복방안까지 모두 담고 있었다.

다만 책 한 권에 이 모든 노하우와 지혜, 전략을 담기는 어려운 일이다. 그래서 두 가지 사항에 중점을 두었다.

첫째는 상권분석의 고수들을 소개하는 것이다. 상권분석은 실패 확률을 줄이고 성공 가능성을 높이는 과정이다. 그리고 성공은 자신과 타인의 실패를 분석할 때 달성하기 쉽다. 그런 의미에서 성공사례는 물론 실패 이야기도 최대한 담았다. 타인의 실패에서 자신의 실패를 극복할 수 있도록 교훈을 얻기 위함이다.

특히 동영상은 상권분석 노하우를 배우기에 훌륭한 교육자료다. 인기리에 방영된 케이블TV 프로그램 〈서민갑부〉에 출연한 식당 100개의 주소를 일일이 찾아서 입지와 사업주의 특성을 분석했다. 객관적인 비교를 위해 김밥천국, 롯데리아, 본죽, 스타벅스, 이디야, 파리바게뜨 등 전국 규모의 프랜차이즈 브랜드 9281개 매장의 배후상권과 함께 분석했다.

둘째는 책을 읽는 데 그치지 않고 스스로 상권분석을 해볼 수 있도록 다양한 자료를 제공하는 것이다. 상권분석은 최선의 매장 입지를 결정하는 과정이다. 성공매장의 경영자들은 어떻게 의사결정을 하는가? 번화가에서 출발하는 것이 유리한가, 아직 발달하지 않은 상권에서 소박하게 시작하는 것이 더 현명한가? 이에 대해 개인사업자 임대료 데이터를 분석해서 얻은 교훈을 소개했다. 유동인구를 조사하고 분석하는 방법, 1인가구의 특징, 자영업의 성장 스토리, 자영업자 폐업 실태조사 등 인터넷에서 찾아볼 수 있는 공개된 보고서 내용도 간추렸다. 고객들이 매장을 선택할 때 고려하는 속성, 외식 창업 성공요인, 외식업 일매출 예측분석,

분식 및 커피 프랜차이즈 매출에 영향을 미치는 상권요인 통계분석은 학술논문에서 요약했다.

아울러 은퇴할 때까지 8000개의 맥도날드 매장을 개설한 루이지 살바네스키(Luigi Salvaneschi)의 경쟁매장 분석 체크리스트를 실었다. 스타벅스의 점포개발과 출점전략을 총괄했던 아서 루빈펠드(Arthur Rubinfeld)의 노하우도 압축했다. 스타벅스 본사에서 사용하는 상권분석 방법론과 GIS 솔루션에 대한 설명도 추가했다.

설명을 위해 불가피하게 복잡해 보이는 도표를 간간이 실었지만, 부담 갖지 말고 시작해보자. 자신의 업종과 입지를 떠올리며 하나씩 대입하다 보면, 어느덧 큰돈 없이도, 거창한 컨설팅 없이도 딱 맞는 가게 자리를 찾아내는 연습이 될 것이라 감히 기대한다.

지난겨울 친구들과 남도여행을 다녀왔다. 해안도로를 따라가다 부모님의 첫 번째 식당 자리를 찾았다. 2개의 건물이 하나로 합쳐진 음식점 간판은 낯설었다. 놀랍게도 30여 년 전과 똑같은 이름을 달고 있는 철물점, 그릇가게, 미장원, 건어물상, 여관, 식당도 마주쳤다. 시장 골목에는 현기증 나는 변화와 오래된 가게의 풍경이 한데 엉켜 있었다.

데이터 분석을 직업삼아 살아가고 있다. 하지만 여전히 '국밥집 아들'의 마음을 떠나지 못했다. 이 땅 수백만 매장에서 일하는 사람들을 떠올렸다. 세탁소 친구도 생각났다. 누구에겐 그 자리가 삶의 전부이며 결코 실패하면 안 되는 절박한 끝자리다. 그 자리에 도움이 되길 바라며 새로 고친 연구서를 내놓는다. 부족한 것을 뻔히 알면서도 내놓게 되었다.

| Contents |

3장 | 고수들은 어떻게 입지를 고르는가?

4장 | 내 손으로 시작하는 우리 가게 상권분석

상권,
성공과 폐업의
교차로

상권은 생물이다.

그래서 생로병사를 겪는다.

가게는 상권의 모세혈관이며,

고객은 모세혈관에 흐르는 혈액과 같다.

고객의 발길은 가게와 상권의 생명을 좌우한다.

이탈리안 레스토랑과 막국숫집은

전혀 다른 상권에서 창업했다.

창업 후 서로 다른 세월이 흘렀다.

서로 다른 성장과 시련을 거쳤다.

맛, 메뉴, 서비스, 가격, 경쟁, 상권의 변화도 피할 수 없었다.

시작부터 매출액이 차이 났고,

시간이 지나며 격차가 벌어졌다.

월매출액이 약 40배까지 차이 날 즈음,

두 가게 중 하나는 확장해서 이전했고

다른 한 곳은 폐업했다.

Chapter 1

성공은 드물고 실패는 넘친다

메뉴판을 펼쳤다. 디너 세트는 '발사믹 샐러드, 파스타(선택 1종), 모짜렐라 피자, 음료 2잔, 와인(선택 2잔)'이라고 적혀 있다. 와인 리스트에는 최고 80만 원까지의 가격대가 펼쳐졌다. 주인이 셰프다. 스위스에서 호텔경영학을 전공하고 스위스의 미슐랭 레스토랑에서 일했다. 해외 요리대회에서 메달도 땄다. 스위스 유학 때 친해진 선배가 먼저 한국에 돌아와 이탈리안 레스토랑을 오픈했다. 일부러 선배 가게에서 종업원으로 일하며 한국 소비자의 특성을 파악했다.

지방도시에 신혼집을 마련한 다음 가게 자리를 알아봤다. 선배가 인천에서 운영하는 레스토랑의 상호, 메뉴, 컨셉을 똑같이 사용하기로 미리 허락을 받았다. 파스타와 피자는 대중성을 추구하되 와인과 수제맥주로 차별화를 시도했다. 가게 이름에도 아예 '와인(wine)'을 내걸었다. 이미 검증된 메뉴라 자신 있었다. 마침 20평 규모에 월세 30만 원 조건으로 가게 자리가 났다. 대단지 아파트와 상가가 밀집한 지역이었다. 배후상권을 살펴보니 500m 반경 안에 주거인구는 2만 명이다. 반경 2km까지 넓혔더니 배후인구 12만, 직장인은 3만 7000명이다. 같은 컨셉의 경쟁자는 없었다.

경기도 용인의 막국숫집은 가장 가까운 전철역에서 승용차로 20분 떨어져 있었다. 주변을 둘러보니 그냥 한적한 시골마을이다. 막국숫집까지 연결되는 대중교통편이 있는지 물었다. 미금역까지 연결되는 마을버스가 하루 12번 운행한다. 배차간격은 1시간 30분이다. 가게 앞으로 걸어 다니는 유동인구는 기대할 수 없었다. 반경 500m 안에 주거인구는 1000여 명, 반경 2km까지 넓혀도 주거인구 2121명에 직장인은 612명뿐이다. 대부분 산으로 둘러싸여 주거단지 자체가 드물었다.

이곳의 메뉴는 막국수와 수육뿐. 술은 뭐가 있는지 물으니 한 사람당 막걸리 한 잔씩만 판다고 했다. 남편이 주방을 맡고 아내가 홀서빙을 책임진다. 주방장은 경제학 전공자다. 일본에서 식당경영을 공부하고 압구정동에서 이자카야를 운영했다. 그때는 요리를 직접 하지 않고 경영을 맡았는데, 취객을 상대하다 지쳐 정리했다고 한다. 국숫집은 처음이다. 직접 요리해 장사하는 것도 처음이다.

이탈리안 레스토랑과 막국숫집 배후상권을 비교해보았다. 매장 위치에서 반경 2km 동심원을 그리고 인구, 가구, 주택, 사업체, 교통 데이터를 살폈다. 아파트·상가 밀집지역과 시골마을의 격차는 크게 벌어졌다. 배후인구는 55배, 직장인수는 60배가 차이 났다. 접근편리성의 격차는 말할 것도 없다.

상권은 생물이다. 그래서 생로병사를 겪는다. 가게는 상권의 모세혈관이며, 고객은 모세혈관에 흐르는 혈액과 같다. 고객의 발길은 가게와 상권의 생명을 좌우한다. 이탈리안 레스토랑과 막국숫집은 전혀 다른 상권에서 창업했다. 창업 후 서로 다른 세월이 흘렀다. 서로 다른 성장과 시련을 거쳤다. 맛, 메뉴, 서비스, 가격, 경쟁, 상권의 변화도 피할 수 없었다. 시작부터 매출액이 차이 났고, 시간이 지나며 격차가 벌어졌다. 월매출액이 약 40배까지 차이 날 즈음, 두 가게 중 하나는 확장해서 이전했고 다른 한 곳은 폐업했다.

이전하는 가게에 안내판이 붙었다. "다음 달이면 이곳을 떠납니다. 그동안 이곳에서 과분한 사랑을 받아 늘 감사했습니다. 손님들을 더 편히 모시고 싶어 되도록 가까운 곳을 찾기 위해 고민했습니다. 다행히 300m 거리에 새 가게 자리를 찾을 수 있었습니다.

여전히 크지 않은 집이지만, 맛은 더 크고 깊게 이어가도록 하겠습니다. 부족하더라도 지켜봐 주시고 조언해주십시오. 열심히 노력하겠습니다. 감사합니다."

혹시나 했는데 선뜻 매출액을 보여준다. 하루 영업을 마치고 계산대의 카드단말기 단추를 눌렀다. 찌지직 찌직- 단말기가 흰색 출력용지에 글자를 찍어낸다. 현금 31만 원, 카드 742만 원, 총매출 773만 원이 출력된다. 하루에 막국수 1000그릇을 팔아야 닿을 수 있는 금액이다. "돈이 문제가 아니라 '진짜 맛있네요' 이 말 때문에 음식장사하는 것 같아요. 몸은 고되지만 너무 좋아요." 평일 막국숫집은 밤 9시에 간판등을 껐다.

연구실로 돌아와 두 상권을 다시 살펴보았다. 레스토랑의 주소지를 인터넷 지도 '거리뷰'로 살펴보니 흔적이 없다. 그 자리에는 옷가게가 들어섰다.

"시원하게 말아먹었습니다." 시원시원한 말투와 달리 30대 중반의 김성연 씨는 진지한 표정으로 이야기를 이어갔다. "하루 평균 매출 20만 원이었습니다. 식당을 하는 동안 통장 잔고는 0원이었고요. 아내랑 매달 생활비 50만 원으로 버텼습니다." 창업 실패자들이 밝히기 꺼리는 구체적인 매출액까지 솔직하게 알려주었다.

"창업의 시작은 오로지 자신감이었어요. 무조건 돈을 벌 거라 생각했고, 당연히 잘될 줄 알았습니다."

고등학교 시절부터 요식업 분야에서 꾸준히 아르바이트를 했고 군대도 취사병으로 다녀왔다. 스위스 유학과 현지 최고 레스토랑 근무경험이 큰 자산이 되어줄 거라 믿었다. 한국에 돌아와서는 선배 레스토랑에서 실전감각을 끌어올렸다. "홍콩도 다녀오고 열심히 사전조사를 했습니다. 수입맥주도 종류별로 다 리스트업해놓고, 고급와인도 전부 리스트에 올렸습니다."

그는 당시 메뉴판에 올렸던 와인 사진을 보여주었다. "한 병에 70만~80만 원대 와인부터 1만 원대까지 종류별로 확보했어요. 스위스에서 배운 걸 써먹어보려고 구하기 힘든 와인과 수제맥주는 수입사를 뛰어다니며 박스째 주문해서 준비했습니다." 자신의 요리실력을 마음껏 발휘하고 싶었음은 물론이다.

그렇게 준비했고 노력을 쏟았는데 왜 장사가 안 됐을까?

"손님이 안 왔어요. 제가 오픈한 매장은 아파트로 둘러싸인 상권이에요. 막상 오픈하고 보니까 초등학생과 중학생 학부모님 외에는 길거리에 돌아다니는 사람이 거의 없었어요. 지역특성상 점심에 파스타와 샐러드를 즐기지도 않았고요."

처음에는 아무리 어려워도 애초에 잡은 컨셉을 지키며 원칙을 고수하리라 마음먹었다고 했다. "하지만 매출이 오르지 않으니 리조토에 볶음밥까지 팔게 되더군요. 귀도 얇아졌어요. 어떻게든 살아야 하니까 '볶음밥이 있으면 좋겠다'는 말을 듣고 그걸 메뉴에 올린 거죠." 두세 달이 지나자 가게의 정체성이 흐릿해졌다. 와인을 파는 곳인지 파스타를 파는 곳인지, 볶음밥을 파는 중국집인지 중구난방 매장이 되었다고 했다.

가장 힘든 점은 무엇이었을까? 매출이 오르지 않아 사람을 쓸 수 없었다. 모든 스트레스와 육체노동이 김 사장의 어깨 위에 쌓여갔다. "한 번은 단체손님이 우르르 몰려왔는데 저 혼자 대응하려니 제대로 서비스가 되지 않았어요." 결국 그 손님들을 사로잡지 못했다. 악순환이 반복되었다. "과부하가 걸리니 저도 일이 귀찮아지고 그나마 조금 있던 매출마저 떨어졌습니다."

김성연 씨는 스스로 문제점을 진단했다. "가장 큰 문제는 가격대였어요. 상권분석을 제대로 하지 않고 가격대를 높게 잡았어요. 나중에야 가격대를 낮춰보려고 런치세트를 만들고 볶음밥도 팔았지만 손님이 안 왔어요."

개업 초기에 고객들에게 비싼 집으로 인식되는 바람에 단골이 생기지 않은 데다 호기심에 들어오는 고객 자체도 너무 적었다. 매장의 고급스러운 이미지가 부담스러워 아예 안 들어온 것이다. 학부모가 가장 중요한 아파트 상권에서는 여름과 겨울 방학에 급감하는 매출액도 회복하기 어려웠다.

어려운 시기에도 김 사장은 와인의 대중화를 시도했다. 매장 안에 만화 《신의 물방울》을 비롯해 다양한 와인서적도 구비해두었다. 기회가 될 때마다 와인에 대해 설명하고 추천했지만 읽는 사람도 물어보는 사람도 거의 없었다. 폐업 후 7~8년 동안 스파게티와 와인은 입에 대지 않았다고 했다.

"전문성, 메뉴의 단순화, 마케팅, 서비스의 질, 상권분석까지 모두 놓쳤고 제대로 준비하지 못했습니다. 첫 창업이 많은 공부가 되었습니다. 왜 실패했는지 알게 되었습니다. 나 혼자만 충분하다고 생각하고 나를 자랑하는 가게를 만들 게 아니라 찾아오는 손님을 위한 가게를 만들어야 했던 거죠."

시원하게 말아먹은 레스토랑

김 사장이 창업했던 주소지를 상권분석용 컴퓨터 지도(GIS, 지리정보시스템)에 입력했다. GIS에 특정 주소를 찍고 2km 구간별로 5개의 원을 그린 다음 통계청이 제공하는 인구, 가구, 주택, 사업체에 관한 상세 데이터를 포개서 분석했다. 가게 위치에서 반경 500m를 그렸다. 청주시 전체 인구에서 40대가 차지하는 비율이 16%일 때, 김 사장이 창업한 이탈리안 레스토랑의 배후지역은 20%를 기록했다. 주거지역의 40대 비율이 높으면 대개 10대 자녀의 비율도 높다고 예상할 수 있다.

잠재고객의 개별소득을 파악하기는 쉽지 않다. 그래서 간접지표를 살펴봤다. 한국 가구별 자산의 70%는 부동산이고, 그중에서도 주택의 비중이 가장 높다. 레스토랑 반경 500m 안에 밀집한 아

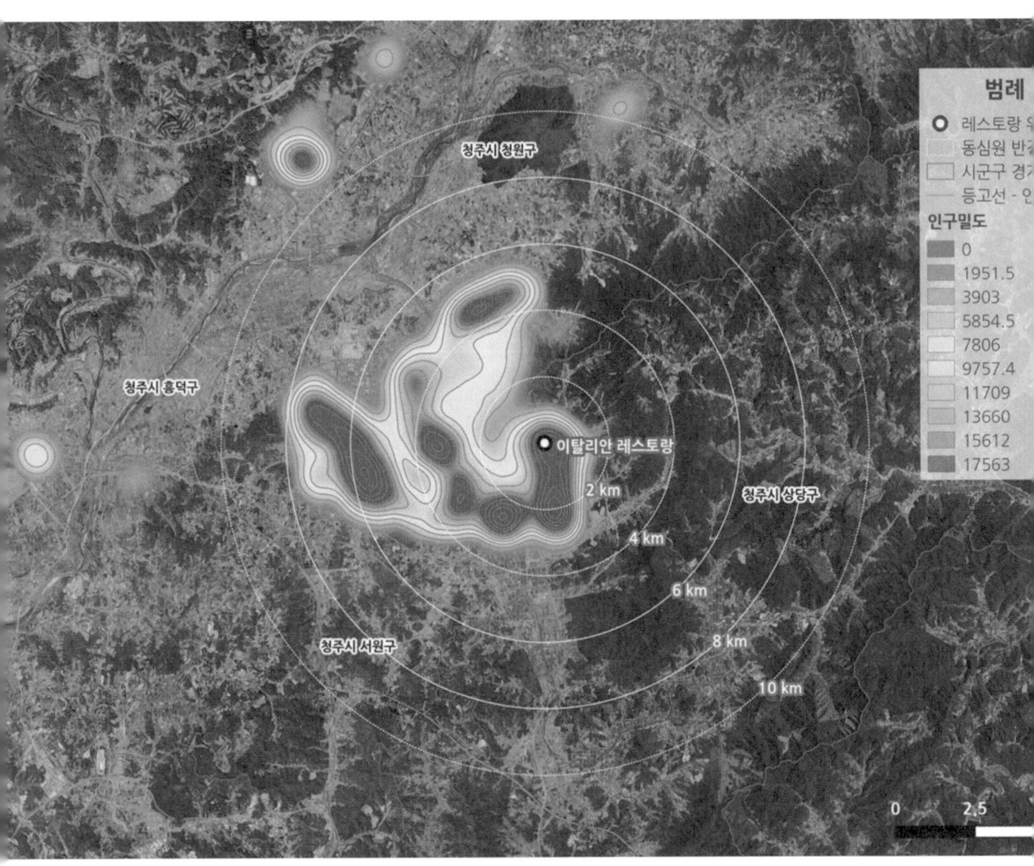

〈도표1 : 청주시 이탈리안 레스토랑 반경 10km 배후상권의 인구분포〉

파트의 기준시가를 살펴보니 1억~2억 원대 아파트가 66%였다. 청주시 전체에서 기준시가 1억~2억 원대 아파트 비율이 43%이므로 이 지역의 부동산 자산은 청주시 평균보다 낮다고 할 수 있다. 기준시가는 실제 거래되는 가격보다 낮지만 전국 어디든 지역의 생활수준을 살피는 기준으로는 유용하다.

10대 학부모가 중심인 서민 주거지역. 김 사장이 준비한 메뉴와 컨셉은 이 상권에 받아들여지지 않았다. 와인 소비에 관한 연구자료를 살펴보았다. 한국 사람들은 얼마나 자주 와인을 마실까? 주 1회 이상은 1.1%, 2주에 한 번 4.9%, 한 달에 한 번 15.9%, 두 달에 한 번 22.7%, 1년에 4~5번 48.1%라고 한다.[1] 와인을 주로 마시는 장소는 집 46.6%, 와인바 37.9%, 고급 레스토랑 7.6% 순이었다. 다른 조사에서도 결과는 다르지 않았다. 와인 구매 시 가격대는 1만~3만 원 25.8%, 3만~5만 원 40.5%, 5만~7만 원 22.7%로 답했다. 요약해보면 일반 소비자에게 와인은 계절에 한 번 집에서 마시는 5만 원 이하의 술이다. 10년 전 지방도시 서민층 주부를 상대로 하기에 와인 전문 레스토랑은 적합한 업종이 아니었다.

그런데 그는 왜 굳이 청주에서 시작했을까?

"원하는 가게 평수를 찾아보니 서울은 창업비용이 턱없이 모자랐어요. 제가 살던 곳이 청주였고 부모님도 가까이 사셨고요. 그러다 그 자리가 나서 계약한 거죠."

전혀 모르는 곳에서 창업한 것이 아니었다. 자신이 생활하는 곳에서 창업했다. 그런데 이게 독이 될 때가 있다. 많은 창업자들이 보고 싶은 정보만 크게 본다. 심리학자들은 이를 '확증편향'이라 부른다. 확증편향은 원래 가지고 있는 생각이나 신념을 계속 유지하고 강화하려는 경향을 말한다. 자신이 가진 선입관을 뒷받침하는 데이터에 더 무게를 두고, 자기 의견에 유리한 정보만 지나치게 신뢰한다.[2]

확증편향에 빠지지 않는 첫걸음은 '반대 입장에서 생각하기'다. 김 사장의 경우에는 유럽에서 호텔경영학을 전공했고 비슷한 레스토랑에서 경험을 쌓았다는 자기확신에 갇혀 있었다. 웬만한 장소라면 어디서든 성공할 수 있다는 신념이 만들어졌다. 그는 자신이 선택한 상권의 잠재고객들이 원하는 메뉴, 가격대, 서비스가 무엇인지 잘 알고 있다고 확신했다. 하지만 매장 앞을 오가는 사람들이 무엇을 원하는지 세심하게 확인하지는 않았다. 서울이나 홍콩의 와인 레스토랑만 돌아다닐 게 아니라 창업할 상권의 골목골목을 다니며 손님이 많은 곳이라면 어디든 들어가서 맛보고 메뉴판을 살피고 고객의 반응을 정밀하게 관찰했어야 했다.

상권분석은 해당지역 고객들이 원하는 것이 무엇인지 사실과 정보를 수집하는 작업이다. 보고 싶은 것만 취사선택하는 것이 아니라 있는 그대로의 사실을 수집하고 제대로 판단하는 과정이다. 사업주의 입장은 가장 뒤로 미뤄둬야 한다. 이 지역의 주거민, 직장인, 유동객 입장에서 가장 필요로 하지만 아직 제공되지 못한 상품·서비스는 무엇인지 먼저 물어야 한다. 직접 확인해야 한다. 선불리 가정하지 말고 다른 매장에서 판매로 입증된 사실을 수집해서 종합해야 한다. 상권분석은 고객의 관점에서 사업방향을 수립하고, 사실에 근거해 목표를 조정하는 작업이다.

상권에 적응할 것인가, 상권을 창출할 것인가

물냉면을 좋아하는 사람에게 '고기리막국수'는 특별하다. 간결한 육수에 찰기가 느껴지는 메밀 면발은 흡사 평양냉면 같은 막국수라 표현할 만하다.

유수창 주방장은 예전에 압구정동에서 이자카야를 운영했다. 장사는 잘되었다. 하지만 나이 먹어도 이 일을 할 수 있을까? 그런 고민이 생겼다고 했다. 유 주방장과 아내 김윤정 대표는 막국수 마니아였다. 전국의 맛있다고 소문난 막국숫집이라면 어디든 찾아다녔다. 언젠가는 직접 막국숫집을 해보고 싶다고 생각했다.

용인 고기리막국수의 원조는 홍천 '장원막국수'다. 10여 년 전 장원막국수에서 기술을 전수한다는 소식에 상당한 수업료를 내고 6개월간 주방으로 출퇴근하며 기술을 물려받았다. 재료 조달이나 운영은 각자 따로 하되 양념 등 몇 가지를 정한 대로 유지한다는 조건으로 같은 상호를 쓰기로 했다. 그래서 7년 동안 간판에

'장원' 이라는 이름을 내걸었다. 수많은 실험과 검증을 거쳐 이제는 '장원' 이라는 이름을 빼고 '고기리' 만 쓰기로 했다. 자신만의 맛으로 손님들의 평가를 받기로 결심한 것이다.

창업하고 초기에는 하루에 몇 그릇 팔지도 못하고 문 닫는 날이 많았다. 그래도 막국수 연구와 품질개선을 멈추지 않았다. 매일 막국수를 맛보고 평가하는 습관은 그때부터 지금까지 이어졌다. 그 노력이 임계를 넘은 어느 순간, 사람들이 모여들기 시작했다. 유수창 부부는 "지금도 1년에 수백 군데 막국숫집을 찾아다니며 공부를 게을리하지 않는다"고 말했다.

상권분석은 '적응형' 과 '창출형' 두 가지로 살펴볼 수 있다. '적응형' 은 이미 형성된 상권 특성에 적합한 업종, 가격, 서비스를 제공하는 데 초점을 맞춘다. 앞서 소개한 와인 레스토랑은 업종과 상권이 어울리지 않아 위기에 빠진 경우다.

반면 고기리막국수는 전형적인 상권 '창출형' 이다. 다시 노트북을 열어 지리정보시스템(GIS)을 켰다. 인터넷 지도를 연결하고 가장 최근의 전국 인구 데이터를 화면에 띄웠다. 인구밀도의 패턴을 볼 수 있도록 작업하고 고기리막국수 위치에서 2km 단위로 5개의 동심원을 그려 반경 10km의 배후지역을 살펴봤다. 통계청이 제공하는 전국 데이터는 10만 개 소지역별로 정보를 제공한다. 색깔이 진해질수록 해당지역에 인구가 많이 몰려 있다는 의미다.

고기리막국수의 반경 4km 안쪽으로는 인구밀도가 거의 잡히지 않았다. 실제로 500m 반경에 약 1000명이 거주할 뿐이다. 반경 6km 구간에 가서야 인구밀도가 형성되기 시작한다. 본격적인 배후인구는 8km 구간부터 선명해진다. 〔도표2〕의 동심원을 시계방향으로 살펴보면 성남시 분당구, 용인시 수지구, 수원시 장안구, 군포시, 안양시 동안구 지역의 인구패턴이 진하게 형성된다. 청주시에서 창업한 와인 레스토랑은 아파트 단지와 가까워 500m 반경 안에 7800세대 2만 명의 배후인구가 있었다. 와인 레스토랑이 상권 적응에 좌절한 사례라면 고기리막국수는 외진 시골마을에서 스스로 상권을 창조한 사례다.

홍천의 장원막국수도 같은 유형이다. 이곳은 읍내 군청에서 11km나 떨어져 있고, 배후인구라고는 농가 몇 채뿐이다. 그런데도 손님이 끊이지 않았다. 유명 막국숫집 가운데 이런 입지가 의외로 많다. 장사 잘되는 막국숫집에 배후상권은 결정적인 요소가 아니라는 뜻이다. 상권의 유동인구보다는 막국수 자체의 저력으로 손님을 불러오는 것이다.

물론 모든 막국숫집이 외딴 지역 미발달 상권에서도 성공할 수 있는 것은 아니다. 상권에 적응해서 주목할 성과를 내는 막국숫집도 많다. 성균관대학교 수원캠퍼스 상권에 유명한 막국숫집이 있다. 나도 여러 차례 가보았다. 메뉴판을 펼치면 순서를 유심히 살펴본다. 보쌈, 막국수, 쟁반국수, 보쌈정식, 손만둣국, 보쌈비빔밥 순서로 적혀 있다. 메뉴판은 사업주의 목표와 우선순위를 보여준다. 보쌈 메뉴를 1순위로 올려놓은 것은 아마도 인근 직장인과 주민을 표적고객으로 정해 술안주와 식사용으로 팔겠다는 의미일 것이다. 2순위는 간단하고 빠르게 한 끼 해결하고 싶은 대학가 상권의 특성을 수용했다. 해당 상권의 특징을 고려한 '적응형' 막국숫집이라 분류할 수 있다. 이곳은 평균을 뛰어넘는 훌륭한 막국수를 제공하며, 단골도 상당하다. 하지만 상권과 입맛은 끊임없이 변한다. 5년 후, 10년 후에는 어떻게 될지 확신할 수 없다. 만약 고기리막국수가 성균관대 상권에 분점을 낸다면 기존 막국숫집은 지금의 단골을 유지할 수 있을까? 지금과는 전혀 다른 경쟁구도가 형성될 것이다.

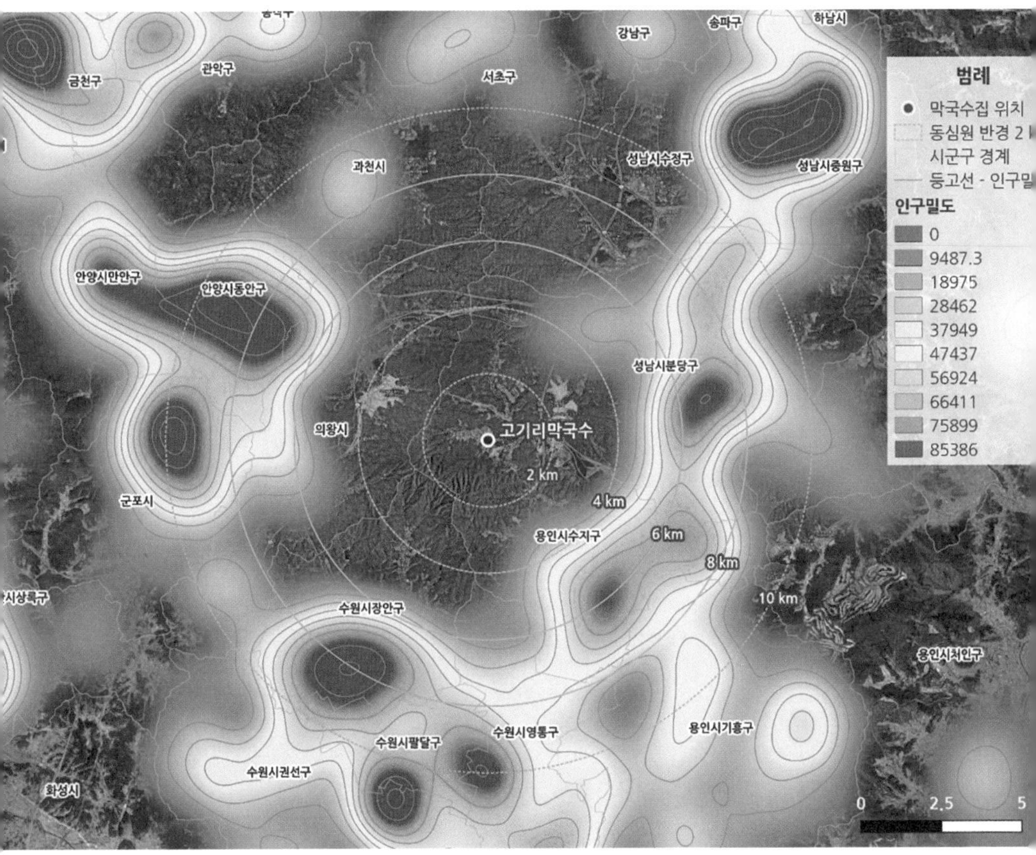

〈도표2 : '고기리막국수'의 반경 10km 배후상권의 인구분포〉

고객의 관점을 빌려오라

와인 레스토랑과 막국수의 배후상권을 비교해보면서 새삼 상권분석의 본질에 대해 생각하게 된다. 상권이란 단순히 배후인구나 유동인구 숫자에 좌우되는 것이 아니라 사업 아이템과 고객만족 능력이 반영된 상대적인 개념이라는 것을 짐작할 수 있다.

상권분석은 창업자를 고민에 빠뜨리는 가장 어려운 숙제다. 창업할 때 무엇이 가장 어려웠는지 소상공인에게 질문했더니 자금조달 66.1%, 입지선정 44.8%, 업종선택 17.5%, 인력확보 16.9% 순으로 답했다. 중소벤처기업부가 9546개 사업체를 직접 방문해 조사한 결과다.[3]

상권분석은 창업 단계에만 어려운 것이 아니다. 사업을 하다 보

〈도표3 : 소상공인 매출 증가 및 감소 원인〉

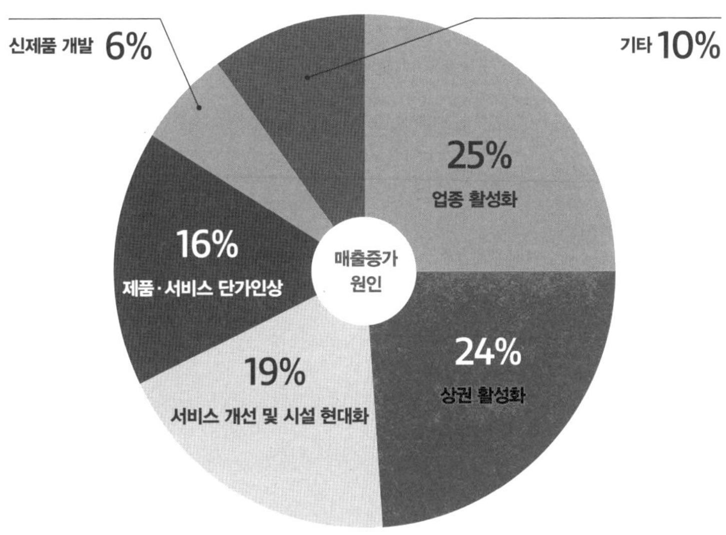

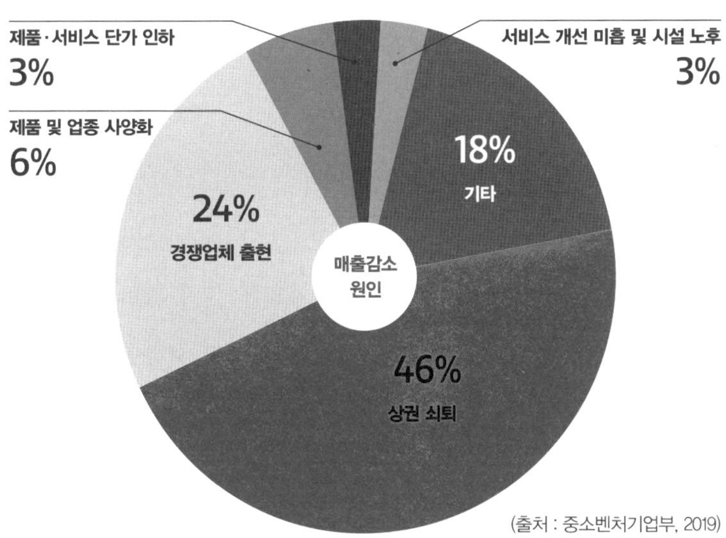

(출처 : 중소벤처기업부, 2019)

면 매출이 늘기도 하고 줄기도 한다. 매출이 증가할 때 요인을 묻자 '상권 활성화'를 두 번째로 중요한 요소라고 답했다. 반대로 매출이 감소하는 이유를 묻자 '상권 쇠퇴(46%)'를 가장 중요한 원인으로 지목했다. 매출증가와 감소의 가장 직접적인 요인인 만큼 상권은 창업 후에도 가장 큰 고민거리임에 틀림없다.

그러나 아직은 막연한 고민에 머무는 느낌이다. 대부분의 자영업자들이 창업을 준비하는 기간은 1년을 넘지 않는다(77.7%). 6개월 미만도 62%나 된다. 그때 주로 어떤 노력을 하는지 물었다. 동일 업종 종사 경험(62.8%), 시장조사(52.7%), 사업계획서 작성(21.7%), 창업교육(13.2%) 순서로 답변했다. 상권이 고민이라 했지만 정작 상권분석만을 따로 배우거나 체험하는 경우는 드물었다. 상권분석의 노하우는 업종 경험, 시장조사, 사업계획, 창업교육을 하며 여기저기서 짬짬이 터득했을 것이다.

체계적으로 상권분석을 배우고자 하는 이들은 가장 먼저 관련 안내서를 찾아보게 된다. 시중에 판매되는 관련서적을 두루 살펴보면 두 가지 유형이 있다. 절반은 대학교의 강의용 교재이고, 나머지 절반은 현장에서 실제로 수행한 상권분석 사례를 기반으로 한 것이다. 대학교재용 도서는 다양한 이론을 소개하는 데 중점을 둔다. 현장경험에 기반한 책들은 실제 사례를 보여주지만 저자의 경험에 따라 편차가 컸다. 체계적인 이론과 현장실무를 잘 접목한 경우도 물론 있지만 대부분은 이론과 실무 어느 한쪽으로 기울었다.

이런 아쉬움을 뛰어넘을 방법을 고민하다 현장에서 실제로 궁금해하는 질문에 대답하는 방식을 선택했다. 더 중요한 점은, 상권은 끊임없이 변해갈 것이라는 점이다. 그때에도 도움이 될 수 있는 상권분석의 길잡이를 제시하고 싶었다. 예비창업자나 이미 매장을 운영하고 있는 사업주가 직접 실행하며 역량을 쌓아갈 수 있는 근본원리, 두고두고 지침으로 삼을 만한 사례, 개인적으로 꾸준히 공부할 수 있는 방법을 제안하는 방식으로 집필 방향을 정했다.

우리 시대에 가장 많이 반복되는 상권분석에 관한 질문은 무엇일까? 포털사이트 '네이버'와 '다음'에 게시된 상권분석 질문만 1만 4000건이 넘는다. 추천 순서대로 300건의 질의응답을 하나씩 살펴보았다. 실제 교육현장에서도 질문을 수집했다.

포털사이트에 올라오는 상권분석 질문을 단순화하면 크게 두 가지로 요약된다. 새가 조망하듯이 전체 상권분석에 대해 알려달라는 것과, 정반대로 개미처럼 구체적인 지역에 대해 상세하게 묻는 것이다.

첫 번째 유형은 이렇게 묻는다. '창업을 해보려고 하는데 상권분석이 어렵습니다. 어떻게 해야 하나요?' '간단하고 쉬운 상권분석 방법이 있나요?' 주로 초보자들이 상권분석을 어떻게 해야 할지 막막할 때 나오는 질문이다. 그러나 너무 넓고 막연해서 구체적으로 대답하기 어렵다. 그래서 이런 유형의 질문에는 '정부기관이 운영하는 상권분석시스템에 접속해서 살펴보라'는 답변이 가장 많다.

두 번째는 개미형 질문이다. 구체적인 상권을 밝히거나 상세한 지도를 올려놓고 조언을 구한다. '경남 마산시 ○○읍 시내 지도인데 안쪽골목 상권이 괜찮을까요? 15평에 권리금이 기본 3500만 원으로 시작하던데, 이렇게 들어가는 게 맞나요?' 어떤 업종인지 밝히지도 않았는데 '그 정도면 너무 비싸다'는 답변이 달렸다. 다른 질문을 살펴보자. '20평 내외로 프랜차이즈 족발집을 오픈할 계획입니다. 배달 위주로 전략을 짜야 할 것 같은데 주택이 많은 곳으로 가야 할지 아니면 B급이라도 상권이 형성된 곳으로 가야 할지 감을 못 잡겠습니다. 부천 쪽에 생각 중인데 추천할 만한 곳 부탁드려요. 고객 타깃은 젊은 여성이 될 것 같아요.'

상권분석에는 이 두 가지 질문에 대한 해답이 모두 필요하다. 새의 눈으로 전체 상권의 변화를 생각하며 동시에 개미처럼 구체적인 장소를 정밀하게 분석해야 한다. 하지만 새의 눈으로 전국의 모든 상권과 골목을 파악할 수는 없다. 개미처럼 특정 골목만 따로 떼어 분석하고 끝낼 수도 없다. 옆 동네에 경쟁매장이 들어오거나 도로가 새로 생기면 커다란 변화가 찾아올 것이기 때문이다.

질문이 다르면 대답도 달라져야 한다. 새의 시야를 묻는 질문에는 한 문장으로 답할 수도 없고, 그렇게 해서 큰 도움이 되지도 않는다. 예를 들어 파스타 전문점에 필요한 상권분석을 어떻게 하면 좋을까? 이때에는 단계별로 끊어서 해답을 찾아볼 필요가 있다. 성공적으로 운영하고 있는 파스타 전문점들의 성공요인을 분석하는 것이 먼저다. 그런 다음 그 가게들 각각의 상권과 입지를 살펴봐야 한다. 상권만 따로 떼어놓고 분석하는 것이 아니라 고객의 관점에서 매장의 성공요인을 종합적으로 고려하며 상권의 특성을 살피는 것이다.

대부분의 상권분석 안내서는 '상권이란 무엇인가'라는 개념정의부터 한다. 하지만 현실의 매장운영은 책보다 훨씬 복잡하고 다층적이며 다양하다. 독자에게 가장 필요한 것은 개념정의가 아니라 그 상황에 맞는 현명한 대처능력과 문제해결역량이다. 상권 대응력을 높이려면 다른 접근이 필요하다. 상권분석이 실제로 어떤 식으로 이루어지는지 사례를 통해 입체적으로 살핀 후에 개념정의를 시도하는 것이다. 각 장이 다루는 주제를 하나씩 섭렵하면서 점차 종합적인 상권분석 방법을 이해해가는 방식이다.

그런 의미에서 2장에서는 사업자들이 가장 궁금해하는 질문에 먼저 답변하고자 한다. 두 번째 '개미형' 질문에 대한 답변이기도 하다. 지금 현장을 뛰고 있는 사장님들은 상권에 관해 어떤 고민과 궁금증을 갖고 있을까? 배민아카데미 교육과정에서 가장 많이 나왔던 7가지 질문으로 시작해보자.

상권에 대해 가장 궁금해하는 7가지

상권분석을 연구할수록 확실해지는 한 가지가 있다.
A급지와 B급지에 대한 절대적 기준은
존재하지 않는다는 사실이다.
A급과 B급으로 나누어 부르는 것은
편의상 좋은 입지와 나쁜 입지,
부동산 비용이 비싼 입지와 싼 입지,
유동인구가 풍부한 입지와 덜한 입지를
구분하기 위한 상대적 개념이다.
이처럼 권리금이나 임대료 등을 기준으로 나누는
모호한 개념을 모든 장소에 똑같이 적용하는 게 합리적일까?
그보다는 자신의 매장경영을 바탕으로 권리금과 임대료 등
투자비용을 뛰어넘는 수익을 거둘 수 있는
입지를 결정하는 것이 더 중요하다.

Chapter 2

A급상권과 B급상권을 어떻게 구분하는가?

상권분석에서 가장 자주 듣는 표현 가운데 하나가 'A급지'와 'B급지'다. "그곳은 A급지가 틀림없어", "기왕이면 B급지 말고 A급지로 선택해야지" 같은 말도 자주 듣는다.

A급지와 B급지는 어떻게 다를까? 상권분석 안내서가 설명하는 A급지는 유동인구가 풍부하고, 접근성이 편리하며, 업무시설과 편의시설이 잘 갖춰진 매장 입지다. 주차가 편리하고 교통시설이 가까우며 주거단지를 배후에 두고 권리금이 형성된 상가밀집지역이 좋은 예다. 그 반대 개념인 B급지는 한마디로 '나쁜 매장 입지'다.

매장 내외부 상황만 고려하지 않고 '투자대비 수익률이 높고 권리금이 낮으면 A급 매장'이라고 규정하는 전문가들도 있다.[4] 일종의 상대평가다. 다만 투자대비 수익률은 실제 장사를 해본 후에만 알 수 있기 때문에 계약할 때에는 그곳이 자신에게 A급지인지 정확히 알 수 없다. 매장을 운영하기 전에 최선의 입지를 선택해야 하는 입장에서 '투자대비 수익률'을 따지는 것은 현실적으로 어려운 진단법이다.

상권분석에 관한 자료와 사례를 모을수록 확실해지는 한 가지가 있다. A급지와 B급지에 대한 절대적 기준은 존재하지 않는다는 사실이다. A급과 B급으로 나누어 부르는 것은 편의상 좋은 입지와 나쁜 입지, 부동산 비용이 비싼 입지와 싼 입지, 유동인구가 풍부한 입지와 덜한 입지를 구분하기 위한 상대적 개념이다. 이처럼 권리금이나 임대료 등을 기준으로 나누는 모호한 개념을 모든 장소에 똑같이 적용하는 게 과연 합리적일까? 그보다는 자신의 매장경영을 바탕으로 권리금과 임대료 등 투자비용을 뛰어넘는 수익을 거둘 수 있는 입지를 결정하는 것이 더 중요하다.

그렇다면 A급지와 B급지의 기준을 어떻게 적용하면 좋을까? 실제 사례를 들어 생각해보자. 수도권에 100여 개의 매장을 운영하는 B곰탕 프랜차이즈의 대조적인 두 매장 사례다. 한 곳은 서울에서 가장 번화한 강남역점이고, 다른 한 곳은 경기도 외곽 고속도로 톨게이트에서 빠져나가면 곧바로 있는 IC점이다.

〈도표4 : 곰탕 프랜차이즈 강남역점 vs. 고속도로IC점 상권환경〉

(출처 : 네이버지도)

강남역점은 반경 1km 안에 상주하는 직장인만 10만 명이며 지하철 2호선 강남역의 하루 이용객도 30만 명이 넘는다. 삼성그룹 본사를 포함해 많은 기업 임직원과 서울 최고의 유동인구를 상대로 장사하는 입지다. 입주한 건물은 20층이 넘는 고층빌딩이다. 비록 지하 1층이지만 외부와 연결되는 별도의 계단이 있어 손님들이 빌딩 로비를 거치지 않고 곧바로 매장에 들어올 수 있다.

그에 비해 고속도로IC점은 주거지도 상가도 없는 단독매장으로, 가게 앞을 걸어 다니는 유동인구가 거의 없고 차량만 하루 평균 1만 3000대가 톨게이트를 오갈 뿐이다. 가까운 군청소재지와

5km 떨어진 곳으로, 반경 500m 안에 살고 있는 주거인구는 불과 780명으로 조사되었다.

강남역점을 'A급지'로 분류하는 데 이견이 있을까? 반면 고속도로IC점은 'B급지'라 부르는 것마저 주저하게 된다. 만약 C급지나 D급지가 있다면 D급지라 불러도 상관없을지 모른다.

하지만 고속도로IC점의 매출액은 강남역점과 비슷해 본사를 놀라게 했다. 심지어 더 많은 금액을 기록할 때도 적지 않다. 나 또한 처음 그 얘기를 들었을 때 전혀 믿기지 않았다. 곧바로 데이터분석팀과 함께 직접 매장을 방문했다.

부부가 함께 운영하는 식당 면적은 240㎡(65평)였다. 겨울철 영업시간은 새벽 4시부터 오후 5~6시까지였다. 동절기에는 저녁장사를 아예 하지 않는다는 설명에 한 번 더 놀랐다. 본사 출점담당자의 안내를 받아 사장님과 간단한 인터뷰를 진행했다. 원래 이곳이 첫 가게는 아니었다고 했다. 서울시 목동지역에 곰탕 프랜차이즈 가게를 냈는데, 입점한 건물 주인이 바뀌며 명도소송에 휘말려 투자금액 모두를 날렸다고 했다.

"길거리에 나앉게 된 상황이었습니다." 아내가 담담하게 설명을 이어갔다. 절박한 마음으로 남은 돈으로 가게를 차릴 수 있는 입지를 찾고 찾다 경기도 외곽지역까지 밀려났고, 어쩔 수 없이 유동인구가 전혀 없는 고속도로IC점을 냈다고 했다. "그 돈으로 가게를 차릴 곳이 여기 말고는 없었어요."

처음 1~2년은 매출이 전혀 오르지 않아 톨게이트에 나가 쿠폰을 나눠줬다. "주변 식당에서 항의하고 난리가 났어요. 하지만 어떡해요. 그렇게라도 가게를 알려야겠더라고요." 할인쿠폰을 나눠주는 날은 손님이 조금 늘고, 그렇지 않은 날에는 손님이 다시 줄어드는 악순환이 반복되었다. "도대체 어떻게 해야 열악한 입지조건을 뛰어넘을 수 있을지 정말 막막했습니다."

가만히 앉아서 손님이 찾아오기만 기다릴 수는 없었다. 그래서 관할지도를 펼쳐놓고 연구를 시작했다. 주변 골프장이 눈에 들어왔다. 고속도로IC점이 속한 행정구역 안에만 22개 골프장이 영업중이라는 것을 알게 되었다. 골프장 손님들을 매장으로 유치하려면 어떻게 해야 할까 고민했다. 낮에는 아내가 가게를 맡고 남편은 22개 골프장을 하나씩 돌며 인사를 다니기 시작했다.

명함을 뿌린다고 손님들이 당장 매장을 방문할 리 없다. 사장님은 골프장 임직원들의 마음을 얻기 위해 노력했다. "저희가 곰탕집이지만 직원회식 때 저희 가게를 찾아만 주시면 삼겹살이든 뭐든 원하시는 대로 정성을 다해서 모시겠다"고 절실하게 호소했다. 골프장에서 일하는 캐디부터 작업노동자까지 찾아다니며 깍듯하게 인사하고 다녔다. 그러자 한 팀 두 팀 골프장 직원들이 먼저 곰탕집을 찾기 시작했다. 베풀 수 있는 모든 정성을 다 쏟았다. 골프장 임직원들의 입맛을 사로잡자 자연스럽게 골프장 방문객들에게 입소문이 나기 시작했다.

"하지만 입소문에만 의지하고 기다릴 수 없었어요." 사장님은 더 적극적인 유치마케팅을 준비했다. 매장 인근 22개 골프장에서 기록한 스코어카드를 보여주면 결과에 따라 할인해주는 행사를 했다. 버디 3개 이상이면 20% 할인, 이글 1개 이상인 날은 30% 할인, 첫 싱글을 기록한 이에게는 50% 할인, 홀인원을 한 사람은 무료! 여기에 하나 더, 컨디션 난조로 100타 이상 기록해서 매우 화가 난 분들에게는 '주류 무료 제공'이라는 특전을 내세운 현수막을 걸어놓고 골프장 이용객을 유인했다. 개점 3년째에 매출이 오르기 시작해 드디어 B프랜차이즈 최상위권으로 도약했다. 매출의 80%는 골프장을 이용하는 고객들이 만들어주었다.

이 이야기를 듣고 '최악의 입지를 선택해도 노력만 하면 무조건 매출을 높일 수 있다'고 오해하지 않기 바란다. 언제나 주어진 여건에서 최선의 입지를 선택해야 한다. IC점주의 열의와 경영능력을 대도시 역세권에서 펼쳤다면 더 놀라운 결과를 얻었을 것이다. 다만 A급지냐 B급지냐에만 너무 연연하지 말라는 뜻으로 받아들이자. 초역세권인 강남역 상권을 블록별, 거리별, 빌딩별로 나누면 그 안에도 A급지와 B급지가 있다. 그러니 부동산 평가기준에만 의존하지 말자. 매장과 고객의 관계가 어떻게 형성되는지가 A급·B급지를 구분하는 근본 기준이다.

유동인구, 주거민, 직장인을 어떻게 파악하는가?

이 질문이 특별한 이유는 상권분석에서 가장 중요한 3대 고객 기반인 주거민, 직장인, 유동객을 모두 포함하고 있기 때문이다. 상권분석에 필요한 통계분석 방법은 크게 두 가지로, 간접조사와 직접조사가 그것이다. 간접조사란 공공기관(주로 중앙정부·지방자치단체)이 발표하는 각종 통계와 데이터를 기본으로 민간기관이 제공하는 조사자료와 분석보고서를 통해 연구하는 것이다. 직접조사는 직접 현장에 나가 데이터를 모으고 스스로 분석하는 것을 말한다. 대개 발로 뛰는 적극성을 권장하지만, 무조건 현장부터 나간다고 분석성과가 높아지는 것은 아니다. 아는 만큼만 볼 수 있기 때문이다.

그동안 상권분석을 하면서 배운 현장경험과 데이터 분석에서 얻은 교훈을 되돌아볼 때, 상권분석은 간접조사와 직접조사를 3 대 7의 비율로 채우는 것이 바람직하다. 순서도 간접조사를 먼저 해서 사전지식을 다진 다음에 현장조사를 하는 것이 좋다. 그래야 부정확한 직관을 컨트롤할 수 있어 효과가 높다. 앞서 자신이 살던 지역에 매장을 냈다가 낭패를 봤던 이탈리안 레스토랑을 떠올려 보자. 데이터와 객관적인 지표를 먼저 살펴야 하는 이유는 현장에서 보고 싶은 것만 보고, 감정적으로 판단하는 오류를 방지하기 위해서다.

물론 많은 이들이 직접조사를 더 강조하는 데에도 이유가 있다. 무엇보다 상권이 끊임없이 변하기 때문이다. 데이터와 통계가 실시간 제공되는 경우는 드물다. 어떤 기관이든 과거에 조사한 통계를 발표한다. 더욱이 간접조사는 조사와 분석의 관점이 지나치게 넓어 특정 고객층을 더 깊이 상세하게 다루기 어렵다는 한계가 있다.

그럼에도 이들 데이터가 개인 혼자의 힘으로 만들어내기 어려운 소중한 자원임은 분명하다. 그러므로 공공·민간기관의 데이터를 꾸준히 살펴 변화의 추세를 파악하고, 동시에 데이터의 한계를 짚어보며 지나치게 의존하지 않아야 한다. 완벽한 데이터는 없다.

유동인구 분석 : 가장 잘 만족시킬 목표고객층을 따져본다

서울시가 2009년부터 매년 제공하는 〈서울 유동인구조사 보고서〉는 질문과 응답결과를 원본 상태로 함께 공개하기 때문에 유동인구 현황을 파악하는 것은 물론 조사방법을 배우기에도 좋다. '서울 열린데이터광장(data.seoul.go.kr)'에 접속해서 가장 최근의 보고서부터 검토해보자. 자료를 살피다 보면 계절, 주중·주말, 평일 시간대(오전·오후·저녁) 등 다양한 기준으로 구분해 조사한 것을 알 수 있다.

여기에서는 두 가지만 강조하려 한다. 첫째, 반복성 조사다. 자주 오가는 유동객을 파악하는 것이 중요하기 때문이다. 〈서울 유동인구조사 보고서〉는 서울시내 약 1000곳을 지정해 사람들을 붙잡고 그곳에 얼마나 자주 오는지 직접 물었다. 그중 특징적인 곳을 몇 군데 골라 비교한 것이 〔도표5〕다. 진한 색 영역은 같은 장소를 주3회 이상 방문하는 '반복통행' 비율을 표시한 것이다. 송파구 가락동에 위치한 문정1동 주민센터 앞은 거의 매일 다니는 '반복통행' 비율이 100%다. 반면 서울역 광장은 반복형 유동인구가 30%로, 서울 평균인 63%에 훨씬 미치지 못했다. 상권분석을 하려는 지역이 있다면 이처럼 직접 설문하거나 꾸준히 관찰하고 기록해 데이터를 쌓아야 한다. 그렇게 자신만의 판단기준과 근거를 마련하고 변화의 흐름을 파악한다면 점점 유동인구 분석에 눈

〈도표5 : 유동인구 반복통행 비율〉

조사지점	행정구	행정동	매일 다님	주 3~5회	주 1~2회	월 1~2회	반년 1~3회	첫 방문
서울시 전역	25개구	993 개소	31%	32%	19%	10%	4%	5%
문정1동 주민센터	송파구	가락 본동	90%	10%	0%	0%	0%	0%
목동4단지 아파트	양천구	목5동	75%	25%	0%	0%	0%	0%
남대문 중앙상가	중구	회현동	40%	5%	0%	15%	40%	0%
이대역 (3번출구)	서대 문구	신촌동	35%	30%	15%	0%	5%	15%
강남역 CGV 뒷길	강남구	역삼1동	35%	25%	20%	5%	0%	15%
강남역 (10번출구)	서초구	서초동	25%	35%	20%	10%	10%	0%
홍대 다이소	마포구	서교동	20%	40%	20%	15%	5%	0%
서울역 광장	용산구	남영동	15%	15%	30%	40%	0%	0%
AK백화점	구로구	구로2동	15%	25%	55%	5%	0%	0%

(출처 : 서울시, 2015)

이 트일 것이다.

사람들이 얼마나 자주 반복해서 다니는지만 중요한 것은 아니다. 어떤 사람들이 왜 그곳을 지나가는지 이유를 파악해야 한다. 〈서울 유동인구조사 보고서〉에는 성별, 연령대별, 방문목적별, 옷

〈도표6 : 유동인구의 인구·라이프스타일·소비특성(%)〉

조사지점	행정동	통행량	남성	여성	20~30대	40~50대	60세 이상	정장 차림	쇼핑백
서울시 전역	993 개소	66,864명	31,461명	35,403명	27,953명	20,028명	11,858명	17,521명	15,186명
		100%	47%	53%	42%	30%	18%	26%	23%
문정1동 주민센터	가락 본동	37명	48.6	51.4	40.5	43.2	18.9	45.9	37.8
목동4단지 아파트	목5동	40명	52.5	47.5	72.5	25.0	12.5	7.5	15.0
남대문 중앙상가	회현동	256명	38.7	61.3	19.5	25.8	35.2	11.3	78.9
이대역 (3번출구)	신촌동	315명	23.8	76.2	63.5	11.7	6.0	10.2	17.8
강남 CGV 뒷길	역삼 1동	125명	44.0	56.0	97.6	12.0	0.0	4.0	8.8
강남역 (10번출구)	서초동	504명	45.4	54.6	58.1	44.0	7.3	14.5	21.2
홍대 다이소	서교동	119명	36.1	63.9	60.5	25.2	5.9	48.7	38.7
서울역 광장	남영동	355명	56.3	43.7	43.1	35.2	29.3	32.7	23.1
AK백화점	구로 2동	256명	35.9	64.1	23.4	42.6	14.1	16.8	16.0

(출처 : 서울시, 2015)

차림별, 쇼핑가방(물품 구매 여부) 등을 살펴서 구분하고 있다. 조사 위치별로 전체 유동인구 규모를 따지고 항목별로 데이터를 쌓아 보면 각 위치의 특징이 드러난다. 〔도표6〕을 보면 강남역10번 출구는 구로구 AK백화점보다 유동객은 2배 더 많고 20~30대 비율은 각각 58%와 23%로 큰 차이를 보이고 있다.

조사 자료에는 직업이나 방문목적을 유추할 수 있는 단서도 있다. 길을 오가는 사람들을 붙잡고 출발지, 목적지, 나이, 직업, 방문목적을 꼬치꼬치 캐묻기는 어렵다. 그래서 옷차림을 자세히 살펴서 직업을 추정한다. 쇼핑백이나 비닐봉투를 얼마나 들고 다니는지, 주로 어디에서 물건을 사서 어느 방향으로 이동하는지, 조사상권의 어디에 얼마나 오래 머무는지, 왜 그 장소에 가는지 등 다양한 질문을 던져볼 필요가 있다. 건물, 도로, 브랜드 중심으로

〈도표7 : 소상공인시장진흥공단 상권분석 서비스 초기화면〉

(출처 : 소상공인시장진흥공단 홈페이지)

만 상권을 분석하는 것이 아니라 사람을 중심으로 상권에 머무는 이유를 파악해야 매장의 성공 확률을 높일 수 있다.

조사방법을 알아도 개인이 일일이 유동객·주거민·직장인 데이터를 수집하고 분석하기는 간단치 않다. 좀 더 편리하게 온라인 정보를 적용해보자. 중소벤처기업부 산하 소상공인시장진흥공단(www.semas.or.kr) 홈페이지에는 상권정보를 무료로 제공한다. 회원가입을 한 다음 초기화면에서 〔도표7〕의 ①번 칸에 주소를 입력하거나 지도에서 직접 원하는 지역을 선택해 이동한다. 직접 영역을 그려서 살펴볼 수도 있다. ②번을 선택한 후 ③번처럼 마우스를 이용해 직접 관심지역을 설정하면 된다. 최대 3개 지역까지 선택해서 비교할 수 있다.

〔도표7〕에 나오는 지역은 전북 전주시 덕진구 덕진동 주택가 일대다. 비교를 위해 두 번째 관심지역은 전북도청이 있는 전주시 완산구 효자동 지역을 선택했다. 고려중인 업종을 ④번에서 선택하고 ⑤번을 누르면 상권분석이 자동으로 진행된다.

초기화면에서 직접 지정한 관심지역(전주시 덕진동 일부)에 관한 유동인구 결과가 〔도표8〕과 같이 나왔다. 이곳의 유동인구는 여성보다는 남성, 30대나 50대보다는 40대가 높은 비중을 차지했다.

유동인구 결과가 나오지 않는 지역도 더러 있다. 전주시의 경우

〈도표8 : 상권분석 실행결과(유동인구)〉

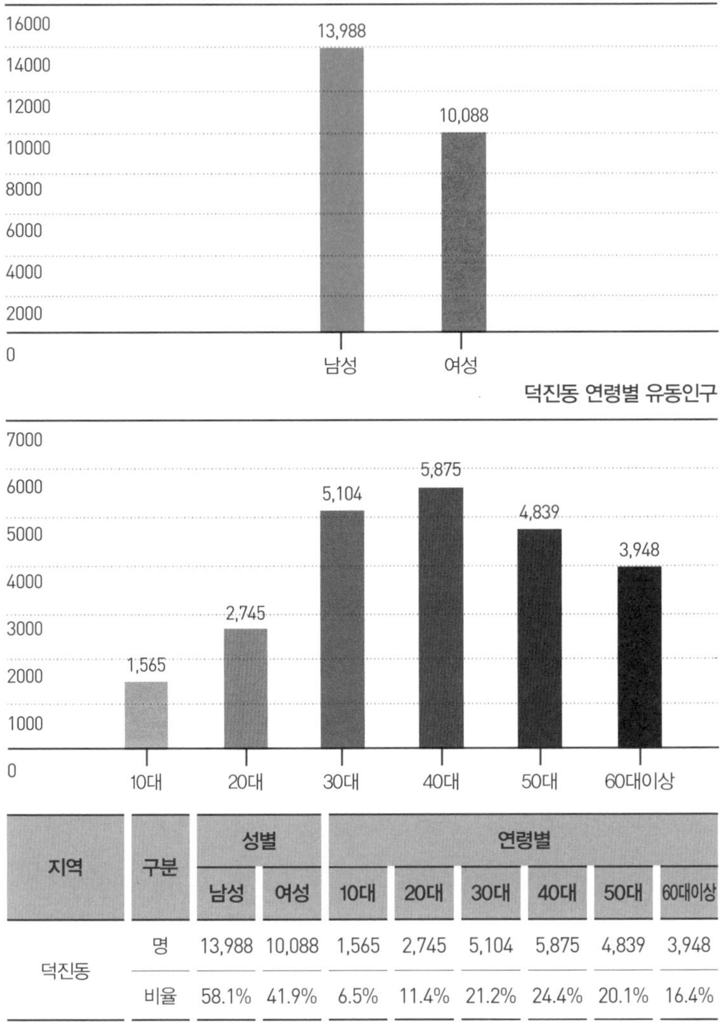

지역	구분	성별		연령별					
		남성	여성	10대	20대	30대	40대	50대	60대이상
덕진동	명	13,988	10,088	1,565	2,745	5,104	5,875	4,839	3,948
	비율	58.1%	41.9%	6.5%	11.4%	21.2%	24.4%	20.1%	16.4%

(출처 : 소상공인시장진흥공단)

전북도청과 전북대학교 인접지역은 여러 차례 분석을 시도했지만 결과가 아예 나오지 않았다. 이는 유동인구 데이터가 이동통신사의 휴대폰 사용량을 토대로 하기 때문이다. 이동통신사가 제공하는 유동인구 빅데이터는 수천만 명의 전화 통화량 데이터를 여러 해 동안 수집하여 연간, 월간, 일간, 시간대별로 전국을 균질하게 성별, 연령대별, 유형별(현지 주거민인지 외부 유입인구인지)로 살펴볼 수 있는 장점이 있다. 하지만 주변 기지국이 수집한 통화량에 크게 의존하기 때문에 실제 거리에서 움직이는 유동인구와는 차이가 생길 수 있다. 기지국이 촘촘할수록 예측도가 높아지고, 느슨하면 추정값의 정확도가 떨어지는 것은 물론이다. 그러므로 유동인구 자료는 참고용으로 사용하고 실제 현장에 나가서 직접 확인하는 것이 최선의 조사방법이다.

참고로 소상공인시장진흥공단에서 제공하는 상권분석은 항목마다 사용하는 데이터와 갱신주기가 다르다. 유동인구는 이동통신사의 휴대폰 사용량을 토대로 하는 반면 주거인구는 통계청이 제공하는 집계구 데이터, 직장인수는 신용보증기관에 등록된 기업체와 종사자 데이터를 기초로 만들어진다. 이들 자료도 유동인구 데이터처럼 불완전하고 조사된 항목도 완벽하지 않다. 그렇다고 일부 한계 때문에 통계 전체를 쓸모없다고 외면할 필요는 없다. 국물요리에서 육수를 만들 때는 각종 채소, 해초, 말린 생선을 사용한다. 그중 핵심적인 육수를 취하고 나머지는 버리는 것처럼,

상권분석에서도 가치 있는 항목은 취하고 나머지는 버려야 한다. 방대한 데이터를 활용한다는 장점은 수용하되 실제 현장에서 움직이는 유동인구를 직접 눈으로 확인하고 별도로 기록하고 분석할 필요가 있다. 적극적으로 관련 통계를 확인하고 현장조사의 결과와 비교하며 목표하는 고객층이 충분히 존재하는지, 현재 준비한 업종·가격·서비스가 적합한지 검토하자.

주거인구 분석 : 성·연령별 특성과 고객층의 수요를 분석한다

주거인구 통계는 크게 3가지를 참고한다. 첫째, 매월 갱신되는 '주민등록인구'다. 단순히 관심지역의 인구수만 파악하는 것은 큰 의미가 없다. 성·연령대별 인구, 가구별 구성원수, 주거유형 등을 두루 살펴야 한다. 1인가구가 많은지 부부와 자녀로 구성된 2세대 가구가 많은지 알아야 한다.

둘째, '전출입 인구'다. 이사를 얼마나 가고 오는지 챙겨봐야 한다. 만약 어떤 지역의 전출입 인구 비율이 20%라면 5년 후 전체 인구가 모두 바뀔 수도 있다. 매년 전국, 광역시도별, 시군구별 전출입 인구의 변동비율을 파악한 후 관심지역의 비율을 살펴보자.

셋째, 읍·면·동 면적보다 더 작은 단위로 인구동향을 파악해야 한다. 주민등록인구는 보통 읍·면·동 기준으로 월별, 분기별, 연도별 통계를 발표한다. 전국에 읍·면·동은 약 3500여 개로 쪼개져 있다. 대한민국 전체를 읍·면·동 단위로 나누면 평균면적은 28㎢가 나온다. 여의도의 약 10배 크기다. 반면 인구가 몰려 있는 서울시에는 약 424개 행정동이 있고, 평균면적은 1.4㎢로 여의도의 절반 크기다. 약 5km 둘레로, 보통 어른 걸음걸이로 1시간 20분이 걸리는 거리다. 광역시도의 인구현황을 파악하는 것을 '새'의 눈에 비유한다면 골목단위 특정 건물을 살피는 입지분석은 '개미'의 눈이 필요한 작업이다. 읍·면·동 차원에서 살피는 작업은 새와 개미의 중간쯤이니 '꿀벌'에 빗대어 설명할 수 있다.

읍·면·동 단위보다 더 작은 지역을 분석하려면 통계청에서 따로 제공하는 집계구별 인구 데이터를 활용하는 것이 좋다. 통계청에서 공개하는 집계구는 전국을 약 10만 개 분석단위로 쪼개서 각각의 인구, 가구, 주택, 사업체 통계를 제공한다. 이 데이터는 인터넷 통계지도 방식으로 살펴볼 수 있으며 지리정보시스템(GIS)에서 사용할 수 있도록 별도의 형식으로 배포하고 있다. 요즘에는 무료로 공개된 지리정보시스템이 많으므로 사용법만 익히면 무료 프로그램에 무료 공개 데이터를 펼쳐서 원하는 분석을 수행할 수 있다. 더 다양하고 상세한 분석을 할 수 있음은 물론이다.

상권분석 서비스를 이용하여 출력된 주거인구 자료를 살펴보자. [도표9]를 보면 우리의 관심지역인 '덕진지역'의 10대 인구는 638명으로 전체 주거인구의 8.2%, '전북도청' 지역은 933명으로

〈도표9 : 상권분석 실행결과(주거인구)〉

성별 주거인구

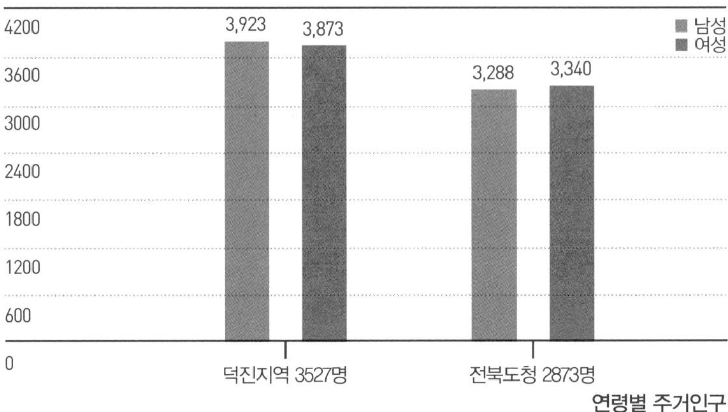

연령별 주거인구

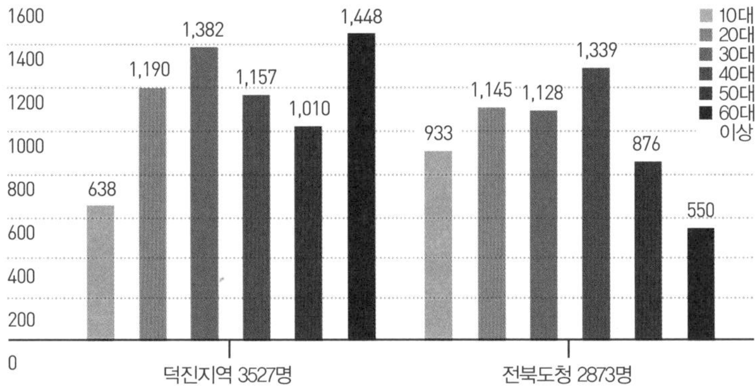

지역	구분	가구수	전체	성별		연령별						
				남성	여성	10대 미만	10대	20대	30대	40대	50대	60대 이상
덕진지역	수	3.527	7,796	3,923	3,873	879	638	1,190	1,382	1,157	1,101	1,448
	비율	100%	100%	50.3%	49.7%	11.3%	8.2%	15.3%	17.7%	14.8%	14.1%	18.6%
전북도청	수	2,873	6,628	3,288	3,340	657	933	1,145	1,128	1,339	876	550
	비율	100%	100%	49.6%	50.4%	9.9%	14.1%	17.3%	17.0%	20.2%	13.2%	8.3%

(출처 : 소상공인시장진흥공단)

14.1%로 나왔다. 40대 인구를 살펴보면 덕진지역은 14.8%, 전북도청 지역은 20.2%로 자동 계산되어 출력되었다. 상권분석 서비스를 이용할 때는 이렇게 제공되는 수치를 그대로 받아들이지 말고 적극적으로 해석하려는 노력이 필요하다. 그저 화면에 보이는 대로 '아~ 10대 인구가 14%구나, 40대 인구가 20%구나' 하고 넘어가면 이 숫자가 내 사업에 어떤 의미가 있는지 파악하기 어렵다.

〔도표9〕에서 덕진지역의 30대 비중은 17.7%다. 이 수치가 높은가, 낮은가? 이 질문에 대답하려면 같은 시기의 전국, 전북, 전주시, 덕진구, 덕진동 등 5단계의 연령대 비율과 비교해봐야 한다.

〈도표10 : 주거인구의 연령대별 구성비율 분석과정〉

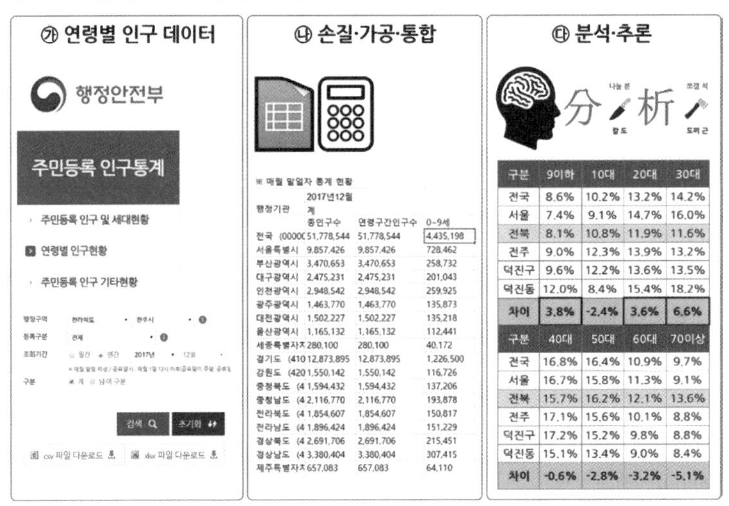

※ 매월 말일자 통계 현황

행정기관	2017년12월 계 총인구수	연령구간인구수	0~9세
전국 (0000C	51,778,544	51,778,544	4,435,198
서울특별시	9,857,426	9,857,426	728,462
부산광역시	3,470,653	3,470,653	258,732
대구광역시	2,475,231	2,475,231	201,043
인천광역시	2,948,542	2,948,542	259,925
광주광역시	1,463,770	1,463,770	135,873
대전광역시	1,502,227	1,502,227	135,218
울산광역시	1,165,132	1,165,132	112,441
세종특별자치	280,100	280,100	40,172
경기도 (410	12,873,895	12,873,895	1,226,500
강원도 (420	1,550,142	1,550,142	116,726
충청북도 (4	1,594,432	1,594,432	137,206
충청남도 (4	2,116,770	2,116,770	193,878
전라북도 (4	1,854,607	1,854,607	150,817
전라남도 (4	1,896,424	1,896,424	151,229
경상북도 (4	2,691,706	2,691,706	215,451
경상남도 (4	3,380,404	3,380,404	307,415
제주특별자치	657,083	657,083	64,110

구분	9이하	10대	20대	30대
전국	8.6%	10.2%	13.2%	14.2%
서울	7.4%	9.1%	14.7%	16.0%
전북	8.1%	10.8%	11.9%	11.6%
전주	9.0%	12.3%	13.9%	13.2%
덕진구	9.6%	12.2%	13.6%	13.5%
덕진동	12.0%	8.4%	15.4%	18.2%
차이	3.8%	-2.4%	3.6%	6.6%

구분	40대	50대	60대	70이상
전국	16.8%	16.4%	10.9%	9.7%
서울	16.7%	15.8%	11.3%	9.1%
전북	15.7%	16.2%	12.1%	13.6%
전주	17.1%	15.6%	10.1%	8.8%
덕진구	17.2%	15.2%	9.8%	8.8%
덕진동	15.1%	13.4%	9.0%	8.4%
차이	-0.6%	-2.8%	-3.2%	-5.1%

주거인구의 연령대별 인구비율을 단계별로 파악하려면 상권분석 사이트가 아니라 정부기관인 통계청이나 행정안전부 주민등록인구의 연령별 데이터를 확보해서 계산해야 한다.

정부 통계를 보니 전국의 30대 인구 평균은 14.2%, 서울 16.0%, 전라북도 11.6%, 전주시 13.2%, 덕진구 13.5%, 덕진동 18.2%로 확인되었다. 그런 다음 상권분석 서비스에서 확인한 관심지역의 수치와 대조해보면 비로소 17.7%라는 값의 의미가 드러난다. 덕진지역은 전국, 서울, 전북, 전주, 덕진구 어떤 지역보다 30대 인구비율이 높게 형성된 곳이다. 그러니 이 지역에서 사업을 하려는 창업자나 이미 가게를 운영하는 사람이라면, 가장 중요한 잠재고객층인 30대를 위해 무엇을 제공할 수 있는지 면밀히 점검해야 한다.

직장인 분석 : '빌딩타기'를 대신할 중소기업현황정보 시스템

직장인 통계는 통계청에서 매년 실시하는 '전국사업체조사' 결과를 활용하는 것이 현명하다. 정부는 10만여 집계구 수준의 사업체 조사결과를 매년 발표하는데, 사업체수와 종사자수는 물론 조직형태(개인, 법인, 단체), 종사자 규모(중소기업과 대기업 구분), 산업별 통계도 제공한다. 산업구분은 '표준산업분류체계'라는 별도의 기

〈도표11 : 상권분석 실행결과(직장인구)〉

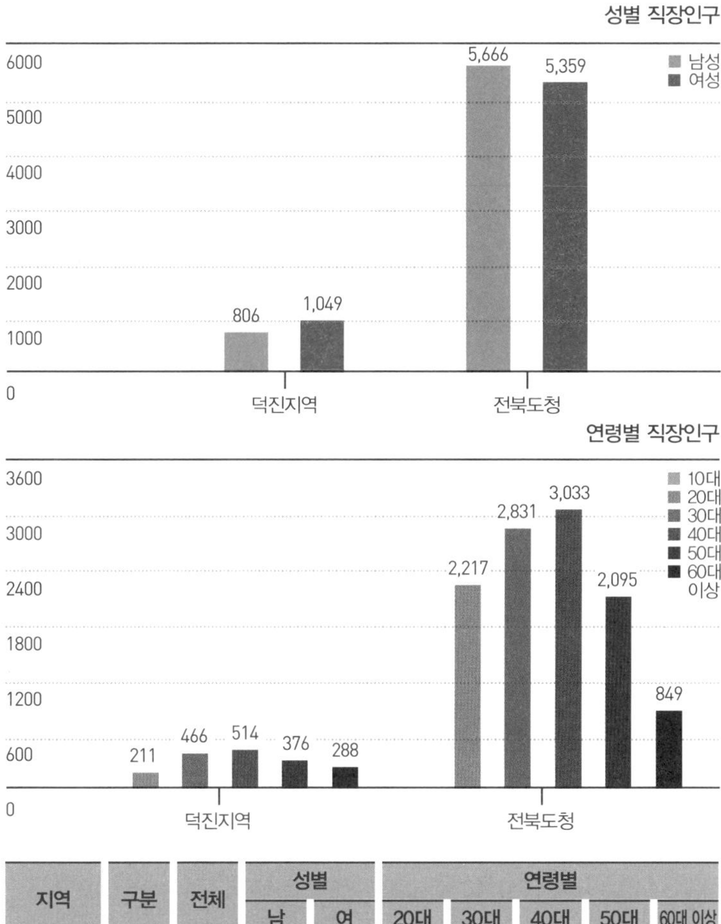

지역	구분	전체	성별		연령별				
			남	여	20대	30대	40대	50대	60대 이상
덕진지역	수	1,885	806	1,049	211	466	514	376	288
	비율	100%	43.5%	56.5%	11.4%	25.1%	27.7%	20.3%	15.5%
전북도청	수	11,025	5,666	5,359	2,217	2,831	3,033	2,095	849
	비율	100%	51.4%	48.6%	20.1%	25.7%	27.5%	19.0%	7.7%

(출처 : 소상공인시장진흥공단)

준을 적용하면 농임업, 어업, 광업, 제조업, 전기가스·수도사업, 건설업, 도소매업, 숙박음식점업, 운수업, 통신업, 금융보험업, 부동산임대업, 사업서비스업, 공공행정, 교육서비스업, 보건복지사업, 오락문화운동서비스업, 수리개인서비스업, 가사서비스업, 국제외국기관 등으로 대분류, 중분류, 소분류, 세분류, 세세분류로 확인할 수 있다.

상권정보 서비스에서도 성별, 연령대별, 직종별 직장인 정보를 제공한다. 〔도표11〕의 그래프와 숫자를 보면 전북도청 인접지역의 직장인 규모가 덕진동 주택가보다 6배가량 많다. 전북도청을 포함한 지역이니 공무원 직장인을 염두에 두는 것은 누구나 생각할 것이다. 하지만 그 외 민간기업 정보도 궁금하지 않은가? 관심지역에 어떤 기업들이 있고 어떤 사람들이 얼마나 일하고 있는지 말이다.

한식 프랜차이즈를 운영하는 대표에게서 들은 이야기가 있다. 새로 매장을 열면 가까운 업무용 건물에 차례대로 들어가 '빌딩타기'를 한다는 것이다. 보험영업사원들이 건물 꼭대기 층부터 한 층 한 층 내려오며 모든 사무실을 일일이 방문해 명함이나 판촉물을 건네며 고객을 발굴하는 전통적인 영업방식이다. 요즘에는 사무실마다 별도의 출입문 열쇠나 지문·안면 인식 시스템이 있어서 사무실 안으로 들어가기는 어렵고 입구에 홍보물을 놓고 오는 경우가 많다.

〈도표12 : 중소기업현황 검색실행 화면〉

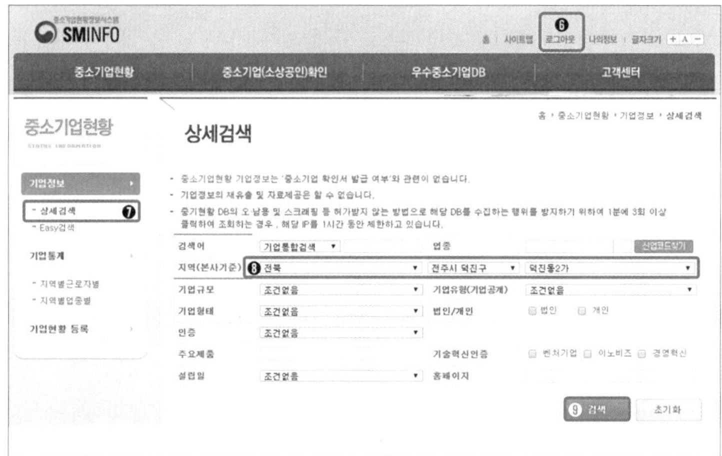

(출처 : 중소기업현황정보시스템 홈페이지)

'빌딩타기'는 들이는 노력에 비해 성과가 크지 않으므로 정보를 활용하는 노력이 필요하다. 정부가 운영하는 중소기업현황정보시스템(sminfo.mss.go.kr)을 활용해보자. 〔도표12〕의 ⑥번처럼 회원가입 후 로그인하고 ⑦'중소기업현황'으로 이동하면 '상세검색'을 이용할 수 있다. ⑧관심지역을 광역시도, 시군구, 읍면동 단계로 설정하고 ⑨검색을 실행한다. 이 서비스를 이용하면 매장 주변에 어떤 기업체와 개인사업자가 있는지 한눈에 파악할 수 있다.

〔도표12〕는 우리의 관심지역인 전주시 덕진지역을 대상으로 중소기업 정보를 검색한 결과다. 검색어 기능이 세분화돼 있어 업체명과 업종별로 살펴볼 수 있다. 관심상권을 오가며 주변 빌딩에

입주한 회사에 무턱대고 들어갈 수는 없지만 회사 이름을 기억해서 검색해보는 것은 가능하다. 검색결과가 너무 많을 때는 기업규모, 기업유형, 기업형태, 법인/개인 구분 등 조건을 바꿔가며 기업정보를 압축할 수 있다.

검색결과를 한 번 더 클릭하면 기본정보, 사업장정보, 연혁, 경영진, 매출현황, 인증 등 자세한 추가정보가 제공된다. 여기서 특히 주목할 대목은 회사창립일이다. 창립일에는 간단하게라도 기념식을 하는 경우가 많다. 기념행사로 회식을 한다면 어디에서 할까? 기념식을 한다면 임직원에게 나눠줄 기념품은 필요 없을까? 고민해볼 일이다. 기념일 행사를 준비하는 실무책임자가 누군지 알 수 있다면 새로운 고객을 만들 기회로 활용해볼 만하다. 만약 중소기업현황정보시스템의 정보가 충분하지 않다면 별도의 회사 홈페이지나 SNS 계정을 찾아서 어떤 기업인지, 자신의 가게와 어떤 인연을 맺을 수 있는지 궁리해보자.

이렇게까지 할 필요가 있는지 주저하는 분들이라면 앞서 소개한 고속도로IC 옆 곰탕집을 떠올려보기 바란다. 자신의 매장 입지를 '개미'의 눈으로만 살피면 절망하기 쉬운 곳이었다. 가게 앞으로 자동차만 지나갈 뿐 유동인구는커녕 주거인구도 없다시피 하지 않았던가. 그러다 눈앞의 고속도로 톨게이트를 오가는 사람들이 누구이며 곰탕과 관련 맺을 수 있는 사람은 누구인지, 시야를 넓혀 기존과 다른 관점에서 보았을 때 비로소 22개의 골프장이 눈에 들어온 것이다. '새'의 눈으로 관찰한 결과다. 그러고는 골프장 직원들을 찾아가 회식을 제안하고 꾸준히 가게를 알려갔다. 그런 노력이 계속되자 골프장 손님들에게 소문이 나기 시작했다.

자르고 쪼개는 것이 능사가 아니다

유동인구와 상주인구는 서로 복잡한 관계를 맺고 있다. 남대문 시장의 유동인구와 인천국제공항의 유동인구는 서로 다르다. 상주인구도 당연히 다르다. 그런데도 상권분석을 한다며 아무런 사전지식 없이 무턱대고 현장에 나가고 보는 분들이 적지 않다. 그런다고 훌륭한 상권분석이 나오지는 않는다. 사전에 간접조사를 충분히 하지 않았기 때문이다. 정부·지자체의 공공 데이터를 적극 활용하면 유용한 정보를 얻을 수 있다. 공공정보의 부족한 점에 주목하기보다는 제공되는 정보를 가지고 어떤 기회를 탐색할 것인지 관점을 바꾸는 지혜가 필요하다. 기차역, 전철역, 버스정류장에 관한 이용객 데이터도 유동인구를 파악하는 데 요긴하게 쓸 수 있다.

애초 질문으로 돌아가보자. 유동인구, 주거인구, 직장인구를 어떻게 파악할 것인가? 그리고 무엇을 읽어야 하는가? 3가지 중요 잠재고객의 규모는 물론 구성비율과 변화에서 눈에 띄는 점이 있는지 지속적으로 살펴가야 한다. 외부의 변화에 발맞춰 매장 내부를 어떻게 변화시킬 것인지 다시 질문해야 한다.

최종확인은 언제나 현장에서 이루어져야 한다. 먼저 종이지도에 미리 간접조사한 주요 내용을 기록해본다. 관심지역의 특징은 유사한 다른 지역과 비교하면 더 두드러진다. 무엇을 조사하고 어떤 순서로 현장을 다닐 것인지 미리 계획하면 체계적으로 조사할 수 있다. 가장 중요한 것은 자신이 목표한 잠재고객의 움직임을 파악하는 것이다. 잠재고객의 규모, 이동경로, 거점, 소비행태, 동반인, 소비금액, 선호품목과 서비스, 주요 매장의 특징을 살펴서 기록해두고 나중에 조사한 내용과 비교하며 정보를 갱신하여 흐름을 파악하자.

배달업 상권은 어떻게 정해야 하는가?

배달 서비스가 활성화되면서 치킨, 피자, 족발 등 많은 외식업의 매출이 내점(dine-in), 포장(take-out), 배달(delivery) 3가지로 구성되고 있다. 그중 배달상권에 대해 생각해보자.

A피자 브랜드는 전국 어디든 대표번호로 주문을 받는다. 전국에 수백 개의 배달권역을 두고 대표번호로 주문을 받아 각 지점에 배정하는 방식이다. 배달권역은 본사에서 지역책임자들과 직접 협의해서 나눈다.

그중 서울에 위치한 A피자가게 한 매장의 배달 데이터를 직접 분석해보았다. A매장은 왕복 8차선 도로가 만나는 사거리에 있었는데 임대계약이 끝나 점포를 옮겨야 했다. 배달권역 안에서 입지를 정해야 할 텐데 동서남북 어디로 옮겨야 할까?

점포의 입지를 확정하려면 수십 가지를 고려해야 한다. 간판이 잘 보여야 하니 하다못해 가로수 수종도 따져봐야 한다. 잎이 무성한 플라타너스는 감점요인이다. 지하 주차장으로 내려가는 통로가 비좁으면 고객들이 불편하니 이 또한 감점요인이다. 매장 앞에 버스정류장이나 횡단보도가 있으면 가점요인이다. 여기에 경쟁매장까지 따지면 분석은 훨씬 더 복잡해진다.

A매장 사장님을 만났다. 그는 피자업계에만 십수 년을 몸담으며 배달부터 시작해 점장까지 올라왔다. 그는 동서 4km 남북 3km에 이르는 배달권역 골목골목을 누구보다 잘 알고 있었다. 하지만 데이터분석팀과 첫 미팅을 한 후 더 많은 시간을 들여 후보점포를 물색하러 다녔다고 했다. 본사의 출점담당 임원과 함께 온 데이터분석팀이 전혀 미덥지 않았던 것이다. 담당임원은 본사 차원에서 매출예측을 연구하는 팀이라 출점 대상지 선정에 도움이 될 것이라고 했지만 점장은 '이 동네에서 피자 한 판 배달해본 적 없는 사람들 아닌가! 그들이 뭘 알겠어?' 하는 생각이 들었다고 했다.

첫 미팅은 주방 옆 작은 사무실에서 진행됐다. 점장의 책장 앞에는 4명이 겨우 앉을 수 있는 비좁은 회의용 탁자가 있었다. 사무실에는 전단지, 유니폼, 배달용 종이박스가 천장까지 가득했다. 단, 한쪽 벽만은 예외였다. 사무실에서 가장 넓은 벽면에는 부동산 사무실에서 흔히 볼 수 있는 대형지도가 걸려 있었다. 건물마다 지번이 적힌 상세지도였다. 검은색 굵은 선으로 건물과 도로를 묶어 여러 배달권역을 표시했다. 전체 배달권역은 30여 개 블록으로 나뉘어 기호로 표시돼 있었다.

"어때요? 어디로 옮길지 방향이 잡혔나요?"

점포개발을 책임지는 임원이 묻자 점장은 배달권역에서 7~8곳을 손가락으로 하나하나 짚어가며 후보지의 장단점을 압축해서 설명했다.

"현재 7~8군데를 보고 있는데, 2~3개로 압축되면 보고서를 드리겠습니다."

점장이 후보입지를 보고하면 본사 출점부서에서 별도로 선정한 후보들과 비교할 예정이라고 했다. 별 문제가 없으면 계약단계부터는 본사에서 업무를 처리한다.

점장은 손가락으로 배달지도에 사선을 죽 그었다. [도표13]에 노란색으로 표시된 '가' 지역은 대부분 아파트와 주상복합으로 채워진 신도시 권역이다. 푸른색 '나' 지역은 단독, 다세대, 연립주택으로 구성된 구도심 권역이다.

"새 점포 자리를 결정하는 가장 중요한 요인을 무엇으로 보시나요?" 임원이 물었다.

"아무래도 가시성이 뛰어난 8차선 대로변 중에서 고르려 합니다." 그의 말대로라면 점포는 사거리에 있는 현재 위치에서 그리

〈도표13 : A매장 배달주문 고객 위치도〉

멀지 않은 곳으로 정해질 것 같았다.

본사에서 개인정보를 제거한 고객·매출 데이터가 분석팀에 도착했다. 점장이 멤버십카드를 잘 관리해온 덕에 내점, 포장, 배달 데이터의 상태는 훌륭했다. A매장의 매출비중은 배달 60%, 내점 30%, 포장 10%, 따라서 배달매출을 우선 분석하기로 했다. 지리 정보시스템(GIS)을 이용해 배달 데이터의 주소를 컴퓨터 지도에 입력하자 고객 위치마다 피자 배달건수와 결제금액이 지도에 새겨졌다. 고객수 2만 338명, 주문 16만 754건, 매출 31억 3207만 원, 건당 평균 주문액은 1만 9506원이었다.

전체 배달권역은 180만 평이었고 배후인구는 16만 명에 달했다. 인구는 통계청이 배포한 집계구별 주거인구 데이터를 사용했다. 배달피자의 매출은 소지역별로 차이가 두드러진다. '가' 지역의 고객 위치는 드문드문하다. 하지만 막상 매출액을 밀도분석으로 표현하자 '가' 지역의 중요성이 부각되었다. '가' 지역은 전체 배달권역의 54%지만 매출은 70%를 차지했다. 매출이 집중되는 9개 핵심지역을 타원형 검은 선으로 표시했다(〔도표14〕 참조). 전체 배달권역의 3%에 불과한 이곳에서 매출의 16.7%가 발생했다. 막연히 '대로변이 낫다'고 생각했던 점장의 예상과는 상반된 결과였다.

배달상권을 분석하는 가장 중요한 기준은 핵심고객의 위치와 매출분포다. 핵심고객은 더 자주 더 많이 피자를 주문하는 데다 특정 지역에 몰려 있었다. A매장이 주목할 고객은 주거민과 직장인이다. 피자 배달은 집이나 근무지로 향하므로 유동인구는 별 의미가 없다. 이번 데이터 분석의 목표는 임대계약이 끝나기 전에 배달권역 내에서 매장을 옮길 때 본사와 지점이 모두 만족할 근거를 마련하는 것이다. 그러기 위해서는 핵심고객에게 한발 더 다가가 배달서비스의 만족도를 높이는 데서 출발해야 했다.

〈도표14 :A매장 배달권역의 인구밀도와 매출핵심지역의 중첩지도〉

데이터를 통해 몰랐던 사실을 알게 되자 '이 동네에서 피자 한 판 배달해본 적 없는' 데이터분석팀을 대하는 점장의 태도가 달라졌다. 16만 건의 배달주소를 컴퓨터 지도에 어떻게 입력하는지, 작업시간은 얼마나 걸리는지, 지도의 진한 색깔은 어떻게 만들어지는지 물었다. 데이터 분석에 관심과 신뢰가 생기기 시작했다는 뜻이다. 데이터분석팀은 핵심고객이 가장 많이 분포한 '가' 지역

북단 아파트 밀집지역을 신규매장 입지로 추천하는 보고서를 제출했다. 구체적으로 〔도표14〕에서 각각 ①②③으로 표시된 지역에 가까운 대로변이었다.

점장은 데이터분석팀의 추천대로 이전했을까?

그렇지 않았다. 그 후 A피자 브랜드의 지점 주소록을 찾아보니, 해당 배달권역 안에 A피자 매장이 2개 있었다. 지도를 다시 보니 분할 출점한 이유가 이해되었다. 이 지역은 경인고속도로가 배달권역 중간을 관통해 상권이 남북으로 나뉘어 있다. 지도에서 최초 매장 위치와 ④번을 연결하는 축이 고속도로다. 10차선 도로가 상권을 쪼개고 있는 것이다. 당연히 배달권역 남북으로는 자동차와 도보 왕래가 자유롭지 않다. 매출지도에서 F지역은 백화점과 전철역이 연결돼 유동인구가 풍부하다. "두 곳 모두 놓칠 수 없어서 아예 매장을 2개 내기로 했습니다."

담당 임원의 설명을 나중에 듣게 되었다.

그런데 이 사례에는 한계가 있다. 장사를 하기 전에는 해당 상권에 대한 실제 데이터를 분석할 수 없다. 예비창업자들은 어떻게 배달 상권을 분석해야 할까?

그럴 때는 관심지역의 배달차량이나 오토바이를 유심히 관찰하면 도움이 된다. 주거단지와 오피스 빌딩을 돌아다니며 어떤 품목이 언제 얼마나 드나드는지 시간을 충분히 들여 살펴보고, 가능

〈도표15 : A매장 이전 입지와 매출분포〉

하면 배달원에게 전단지나 명함이나 쿠폰을 달라고 해서 어떤 가게의 어떤 메뉴 주문이 많은지, 하루에 몇 건이나 배송하는지 다양하게 묻고 기록하는 것이다. 그렇게 데이터를 모아서 분석해보며 관심지역의 특징과 배달 인기품목을 파악하고, 지역의 강자가 누구인지 직접 매장을 방문하거나 배달을 시켜 맛·가격·서비스의 특징을 분석할 필요가 있다.

채널A 프로그램 〈서민갑부〉 89회에 소개된 김진혁 사장은 어린 시절부터 중국집 배달원으로 사회생활을 시작했다. 30대 중반에 작은 중국집을 2개 운영하면서 연매출 약 9억 원을 달성했다. 〈서민갑부〉가 취재한 그의 성공비결은 자신이 가장 잘 아는 상권에 개업했다는 것이었다. 상권을 잘 안다는 기준은 무엇일까? 김 사장은 10년 넘게 같은 지역의 다양한 중국집을 옮겨 다니며 배후 상권의 중국음식 배달고객들이 언제 어떤 메뉴를 선호하고 입맛은 어떤지 몸으로 파악하고 머리로 분석해왔다. 즉 가게를 열기 전에 기존에 형성된 고객의 특성을 세세하게 파악해 성공확률을 최대한 끌어올린 것이다. 이것이야말로 상권분석의 본질이요 목적이다.

이미 매장을 운영 중이라면 배달전문업체에 요청해 배달료 산정 데이터를 엑셀 등 컴퓨터 파일로 확보하면 좋다. 그런 다음 시간이 날 때 배달지역을 인쇄한 종이지도에 주별·월별 매출과 메뉴를 표시한다. 이런 종이지도를 모았다가 주별·월별·분기별·연도별 특징을 살펴보면 어느 지역에서 무엇이 얼마나 주문되었는지 파악할 수 있다.

아울러 주요 주거단지 세대수, 주요 사업체의 임직원 규모와 업종 등을 별도의 종이지도에 틈틈이 기록하며 잠재고객 연구를 이어가자. 이 두 지도를 비교해보며 우리 매장이 어느 지역에서 강세이고 약세인지, 왜 그런지, 무엇을 개선할지 연구하고 실험하며 개선책을 만들어보는 것이다. 이런 노력이 장기간 쌓이면 자신만의 배달업 상권 개척과 고객만족 능력이 향상될 것이다. 경영성과가 높아지는 것은 물론이다.

우리 업종이 그 상권에 적합한지 어떻게 판단하는가?

상권은 생물처럼 끊임없이 변한다. 상권을 구성하는 사람과 업종도 변한다. 한때 유행했던 인기업종이 사라지고 전혀 새로운 업종이 주목을 끌다가 어느새 또 사라지곤 한다. 특정 상권에 적합한 업종을 판단하는 방법이 한 가지만일 수는 없다. 어떤 업종은 반드시 잘되고 어떤 업종은 무조건 피하라는 확언은 위험하다. 창업 5년차 생존율이 평균 30%가 안 된다. 음식점은 그보다 더 낮은 17.7%다. 5년 전 개업한 음식점 100개 중 현재 82개가 사라졌다는 의미다. 그 빈자리에 다른 가게가 생길 것이다. 이때마다 뜨는 업종과 지는 업종을 살필 것인가? 업종만 바꾸면 문제가 해결될까? 더 근본적인 해결책은 없을까?

상권분석을 하는 목적은 결국 고객을 꾸준히 창조해 생존하고 번성하기 위해서다. 즉 생물처럼 끊임없이 변화할 상권에서 어떻게 성과를 꾸준히 올릴 수 있는지가 상권분석의 핵심이다. 경영자를 바다의 항해자에 비유한다면 목적지까지 인도할 나침반이 필요하다. 상권분석과 업종선택에 나침반이 있다면 그것은 무엇일까?

아주 작은 음식점이건 글로벌 기업이건 경영자에게 가장 중요한 과제는 '어떤 사업을 할 것인지' 결정하는 일이다. 영국 경제전문지 〈이코노미스트〉가 경영자 1135명에게 가장 고심하는 사안이 무엇인지 물었는데, 절반이 넘는 51%가 '기존·신규사업을 어떻게 할 것인지 투자방향을 고민한다'고 응답했다. '경쟁자를 고려한다'고 답한 15%보다 훨씬 많았다. 그들은 이들 사안을 어떻게 결정할까? 경영자들의 답변은 3가지로 축약되었다. 자신의 직관과 경험을 이용하고, 타인의 조언과 자문을 경청하며, 데이터 분석을 활용하는 것이다.[5] 여기에서도 이 3가지 방식을 적용해보자.

경험으로 직관력을 높이기 위해 나는 10년가량 홍익대학교 상권에 사무실을 두고 일했다. 홍대 인근은 서울에서 가장 변화가 심하고 새로운 실험이 많이 시도되는 상권이다. 그래서 일부러 선택했다. 어떤 가게가 생존하고 어떤 가게가 사라지는지 현장에서 직접 몸으로 느끼며 연구하고 싶었다.

실제로 경험을 통해 알게 된 사실이 있다. 처음에는 막연히 홍대상권에서는 특이하고 이국적인 아이템이 인기를 끌 것이라 생각했다. 하지만 의외로 비빔밥, 곰탕, 찌개도 꾸준히 장사가 잘된다는 것을 알게 되었다. 홍대상권에는 여러 기업체가 입주해 있고 매일 두세 끼를 같은 동네에서 해결해야 하는 상주인구도 적지 않다. 그들이라고 매번 특이한 음식만 먹을 수는 없는 노릇이다.

어떤 업종을 선택하면 좋을지 조언을 구하는 데에는 경영학자 제이 바니(Jay Barney)의 진단법이 유용하다. 그는 한국 청중을 대상으로 한 강연에서 이렇게 질문했다. "여기 계신 여러분, 저성장 국면에 들어선 여러분의 사업이 경쟁우위를 얻기 위해 무엇을 해야 한다고 생각하십니까?"

그는 전통적인 산업분야에 속해 있으면서 어려운 경제여건에도 불구하고 놀라운 성공을 이어가는 기업들을 소개했다. 제이 바니는 지속적인 경쟁우위를 유지하기 위해서는 가치(valuable), 희소성(rare), 모방불가(inimitable), 조직화(organized)된 역량을 확보해야 한다고 했다. 이를 'VRIO 진단'이라 한다.[6] 그의 진단을 상권분석에 적용해보자.

첫째, 당신의 사업은 관심상권의 고객들에게 '가치'를 제공하는가? 그들이 원하고 기대하는 유용함이 있는지 살펴보라는 질문이다.

둘째, '희소성'이 있는가? 이미 많은 사람들이 하고 있는 업종인가? 경쟁을 극복할 수 있는 차별성이 있는지 돌아보라는 주문이다.

셋째, 다른 사람이 '모방'하는 데 얼마나 오래 걸리는가? 금방 따라 할 수 있다면 지속적인 경쟁우위를 유지할 수 없다.

넷째, '조직화'되었는가? 차별적 가치를 꾸준히 제공할 수 있는 경영역량이나 시스템을 갖추었는지 묻는 질문이다. 개인사업자라면 관리역량이 습관으로 몸에 배었는지 자문해보자.

제이 바니는 '조직화되었는가'라는 질문을 '대체불가능성'으로 설명한다. 한 번은 지방에서 시작한 짬뽕집이 홍대상권 사무실 근처에 서울 분점을 내면서 큰 인기를 끌었다. 본격적인 점심시간이 되기 전부터 이미 긴 줄이 생겨 하루 첫 장사를 테이블 만석으로 시작하곤 했다. 그러자 반년 사이 같은 상권에 10여 개 짬뽕집이 생겨났다. 그럼에도 최초의 짬뽕집은 번창했다. 겉모습은 경쟁자들도 금방 흉내 낼 수 있지만 짬뽕맛은 모방하기 어렵기 때문이다. 브랜드, 독특한 기업문화, 효율적인 운영시스템, 창의성, 학습능력, 구성원을 계속 유지하는 리더십은 눈에 보이지 않는 무형자산이다. 이는 눈에 보이는 유형자산보다 훨씬 모방하기 어렵다. 짬뽕은 비슷한 색깔로 만들어낼 수 있지만 육수, 면발, 식재료에 숨어 있는 차별적인 맛과 이면의 시스템은 따라올 수 없는 위력을 발휘한다.

제이 바니 교수의 조언을 기억하며, 이제 마지막으로 데이터를 바탕으로 업종을 결정하는 실전연습을 해보자.

특정 상권에 적합한 업종을 선택하려면 먼저 그 상권이 다른 상권과 어떤 차이가 있는지 살펴야 한다. 국내 신용카드 회사에서 카드결제 데이터를 바탕으로 상권특성을 진단하기 위해 사용했던 검토기준을 소개하려 한다. 단, 분석기준은 계속 변할 것이므로 본인만의 분석기준을 만들기 위한 참고용으로 검토하길 권한다.

유망업종 분석은 크게 고객, 지역, 상가업소, 매출이라는 4가지 항목으로 시작한다. '고객'을 분석할 때에는 이용객 특성부터 살핀다. 직장인과 주거민의 비율을 따져보고 유동객의 비중도 고려해야 한다. 성별·연령대별로 고객층을 따져보는 것은 기본이다. 고객들의 구매력과 규모도 살펴야 한다.

그다음 고려사항은 지역특성이다. 인접지역에 중심도시가 있다면 고객의 동선에 영향을 미칠 것이다. 수도권, 지방광역시, 중소도시, 관광지 등 다양한 지역성을 고려한다. 여기서도 고객의 특성과 교차해서 입체적으로 진단해야 한다.

지역특성을 살펴본 다음에는 어떤 업종이 해당 상권을 주도하고 있는지 파악하자. 상권의 중심은 어떻게 형성되었는지도 살펴보자.

마지막으로 매출항목이다. 어느 시간대에 상권이 활발해지는가? 단지 언제 사람들이 붐비는지 겉모습만 관찰하지 말고 실제

〈도표16 : 신용카드 데이터를 활용한 상권분석 주요항목〉

분류	유형	상권특징	
고객	이용객 특성	직장인 중심 상권	
		주거민 중심 상권	
		직장인-주거민 혼합 상권	
	연령대	청년 중심 상권	
		청장년 혼합 상권	
		장년 중심 상권	
	성별	여성 중심 상권	
		남성 중심 상권	
		남녀 혼합 상권	
	이용객 규모	이용객 대형 상권	
		이용객 중형 상권	
		이용객 소형 상권	
	이용객 소득 수준	고소득 수준 상권	
		중소득 수준 상권	
		저소득 수준 상권	
지역	배후지 규모	유동인구상권	대규모 상권
			중규모 상권
		고정인구상권	소규모 상권
	지역구분	서울	서울-서북
			서울-서남
			서울-동북
			서울-동남
		광역시	
		경기도	
		비광역시	
	도시규모	서울	메트로 시티
		광역시	메가 시티
		경기도	대도시
			중소도시

분류	유형	상권특징	
상가업소	업종 편중	특화형 상권	교육
			내구재_가구
			내구재_가정용품
			내구재_전자
			문화
			식품
			여행
			외식
			유흥
			의료
			의류
			자동차
			잡화_액세서리
		일반형 상권	
	상권중심	거점형/분산형 상권	
	상가수	대규모 상권	
		중규모 상권	
		소규모 상권	
매출	요일별	주중/주말 상권	
	시간대별	주간상권	오전 상권
		야간상권	저녁 상권
			심야 상권
	소비수준	명품군/일반구 상권	
	매출 규모별	매출 대규모 상권	
		매출 중규모 상권	
		매출 소규모 상권	
	성장 수준별	성장형 상권	
		유지형 상권	
		쇠퇴형 상권	

구매가 일어나는지를 봐야 한다. 그냥 지나치는 행인과 소비층을 구분하라는 말이다. 일간·주간·월간·계절별로 매출 특성이 있는지도 알아봐야 한다. 소비수준이 어느 가격대에 형성되었는지도 살펴보자.

아울러 놓쳐서는 안 될 중요한 판단기준 가운데 하나는 상권 자체의 성장추이를 살피는 일이다. 상권을 생물처럼 바라보며 흥망성쇠의 흐름을 보는 것이다. 현재 관심을 두고 있는 상권은 과거에 비해 활성화되었는지, 정체 단계인지, 쇠퇴하고 있는지 분석해서 진입 여부를 결정해야 한다.

특정 상권에 적합한 업종을 고르는 작업은 객관식 시험처럼 유일한 정답을 찾는 과정이 아니다. 오히려 주관식에 가깝다. 홍대 상권에 비빔밥 음식점이 적합한가? 오스트리아 수도 한복판에 한국식 비빔밥집은 적합한가? 결정권은 고객에게 있다. 고객들이 차별화된 가치를 인정하고 기꺼이 지갑을 연다면 정답이 되는 것이다.

물론 그럼에도 유망업종을 살피는 작업은 필요하다. 사람들이 원하는 것인가? 사람들이 기꺼이 비용을 지불할 의향이 있는가? 비슷한 가게가 주변에 생겨도 경쟁을 견디며 근본적인 격차를 유지할 수 있는가? 계속 질문하고 실험하고 확인해가야 한다.

음식점 하기 좋은 상권의 특성은?

음식점 매출에는 어떤 요인이 영향을 미칠까? 너무 덥거나 추우면 매장 손님이 줄고 대신 배달을 많이 시킨다. 어느 날 갑자기 터진 구제역 때문에 잘되던 가게가 순식간에 문을 닫기도 한다. 이런 외부변수는 경영자가 전혀 통제할 수 없기에 사장님들을 더욱 긴장시킨다.

그렇다면 외부변수가 음식점 매출에 미치는 영향은 정확히 어느 정도일까? 경영학자가 피자전문점의 10년간 일매출이 어떻게 변해왔는지 외부 데이터를 적용해 통계분석을 한 사례에서 힌트를 얻어보자.[7]

피자가게의 일별 배달매출에 영향을 주는 외부변수는 날씨(평균

기온, 최고기온, 최저기온, 상대습도, 평균풍속, 일조시간), 주식시장 지수(KOSPI), 구제역 보도건수, 영업기간, 요일, 계절 등 다양하다. 이들 변수를 하루 단위로 입력해서 통계모형 중 회귀분석[8]을 실시했다.

그 결과 피자가게 배달매출은 습도가 높을수록, 최고기온이 높을수록, 바람이 세게 불수록, 구제역 관련 보도건수가 많을수록 낮았다. 반면 KOSPI 지수가 높을수록, 피자가게의 영업기간이 길수록 매출액이 올라갔다는 점을 알 수 있었다. 일반적으로 예상하는 바와 크게 다르지 않다.

그러나 이런 식으로 설명할 수 있는 매출요인은 30.5%뿐이다. 매출의 약 70%는 외부변수로 설명되지 않는다는 것이다. 이 말은 무슨 뜻이겠는가? 경영자가 통제할 수 없는 변수보다 통제력을 발휘할 수 있는 변수가 훨씬 많다는 의미다.

경영자가 완전히 통제할 수는 없지만 능동적으로 선택하거나 적극적으로 피할 수 있는 변수들이 분명히 있다. 대표적인 것이 바로 입지선정이다. 어떤 도시, 어떤 상권, 어떤 매장에서 사업을 할 것인지 정하는 일이다.

자세한 분석사례를 살펴보자. 분식 프랜차이즈 매출 3위권에 드는 J브랜드의 전국 매장 매출액과 상권요인을 통계분석했다.[9] 매장의 평균면적은 42㎡(13평)이며 월평균매출은 2327만 원이었다. 분석범위는 서울시·광역시·지방도시 매장 300곳이며, 인터넷 상권분석 서비스가 제공하는 상주인구(주거인구·직장인구)와 유동인구 자료를 활용했다.

통계학은 데이터를 활용해 세상을 이해하고 예측하는 학문이다. 동시에 근거를 가지고 남을 설득하는 학문이다. 어떤 도시, 어떤 상권, 어떤 매장에서 장사가 잘되는지는 창업자마다 생각이 다르다. 정말 유동인구가 풍부할수록, 매장이 클수록, 권리금이 높을수록 장사가 잘될까? 이런 질문을 직관이 아니라 데이터를 모아 수학적인 방법론을 적용해서 검증하는 작업이 통계분석이다. 이번 분식 프랜차이즈 매출액 분석을 위해 연구자들은 다음과 같은 가설을 세웠다.

- 배후지역의 상주인구 및 유동인구가 많을수록 매출에 긍정적인 영향을 미칠 것이다.
- 횡단보도와 가까울수록 매출에 긍정적인 영향을 미칠 것이다.
- 전철·기차역과 가까울수록 매출에 긍정적인 영향을 미칠 것이다.
- 주변에 초·중·고등학교, 대형마트, 백화점, 극장 등 집객시설이 있으면 매출에 유리할 것이다.
- 매장 면적에 따라 매출이 달라질 것이다.

이들 가설이 맞는지 실제 데이터로 분석했다. 이때 월매출액은 '종속변수'이고 매출액에 영향을 미치는 매장면적, 주거인구, 유동인구, 임대료, 횡단보도, 집객시설(학교·대형마트·백화점·극장)은 '독립변수'가 된다. J프랜차이즈의 매출액 통계분석 결과 월매출에 긍정적 영향을 미치는 변수는 유동인구, 전철역, 대형마트, 학교(초·중·고)였고, 부정적 변수는 매장면적과 백화점 입지 여부였다. 매출액에 특별한 영향이 없는 변수는 상주인구, 횡단보도, 극장이었다.

이 통계분석에도 회귀분석을 적용했다. J브랜드 매출액에 영향을 주는 변수를 살핀 결과, 매장면적이 크다고 매출이 늘어나는 것은 아니었다. 상주인구 또한 매출에 별다른 영향을 주지 않은 반면 유동인구는 모든 변수 가운데 가장 큰 영향을 주었다. 매장반경 300m 안에 지하철이나 기차역이 있을 때, 초·중·고등학교가 있을 때, 대형마트가 있을 때 매출이 늘어난 반면 백화점 근처의 매장은 오히려 매출액이 줄어들었다. 극장은 특별한 영향이 없는 것으로 분석되었다.

통계분석은 해석이 중요하다. 해석에 따라 프랜차이즈 본사의 출점전략이 달라질 것이기 때문이다. 대형마트는 무조건 좋고 백화점은 나쁘다는 식으로 속단해서는 안 된다. 왜 이런 결과가 나왔는지 다각적으로 따져보고 가능하면 현장에서 검증해야 한다. 대형마트는 백화점에 비해 더 많은 유동인구를 유발하는가? 극장은 대형 상업빌딩 최고층에 위치한 경우가 많은데 주로 1층에 입점하는 분식점에 직접 영향을 줄 수 있는가? 다양하게 질문하고 따져보아야 한다.

회귀분석은 어떤 변수가 얼마나 영향을 미치는지 파악할 수 있지만 원인과 결과를 모두 설명해주지는 않는다. 해석은 경영자의 몫이다. 검토 중인 업종이 분식점도 아니고 음식업종도 아니라면 더욱더 J브랜드의 매출분석을 신중하게 활용해야 한다. 심지어 분식점을 낸다 해도 다르게 해석해서 적용해야 한다. 그럼에도 J브랜드 매출분석은 여러 시사점을 준다. 현재 검토 중인 사업을 위해 도시유형(대·중·소도시), 면적, 배후인구, 집객시설 중 어떤 요인을 가장 중요하게 취급할 것인가? 느낌으로 정하지 말고 직접 배후상권과 입지요인을 조사하고 연구해보기를 권한다. 꼭 통계분석이 아니어도 자기가 모을 수 있는 데이터를 토대로 자신만의 분석을 쌓아가야 한다.

만약 만두전문점의 최적 상권을 골라야 한다면 어떻게 선택하면 좋을까? J브랜드처럼 수백 개의 매장을 운영한 적도 없고 관련 데이터도 확보하기 어려운 단일 매장은 어떤 방법을 적용할 수 있을까? 앞에서 소개한 두 가지 분석사례에서 시사점을 추려보자.

첫째, 만두집을 하면서 피할 수 없으나 가장 통제하기 어려운 사업상의 위험요인은 무엇인가? 계절, 날씨, 요일, 외부사건 등 무엇이 가장 중요한 위기요소인가? 그것에 대비하기 위해 어떤 보완책이 있어야 하는지 기록하고 따져보며 대안을 마련한다.

둘째, 현재 확보한 예산으로 선택할 수 있는 상권을 추려내고 상

〈도표17 : J브랜드 300개 매장 매출액 분석〉

구분	변수	점포수 등	빈도 등	영향 여부
종속변수	단위면적당 월매출	300개	2015년 기준	월평균 매출 2327만 4000원
권역특성	서울	114개	38.0%	서울지역 매출이 경기지역 매출보다 낮음. 분식점 경쟁강도의 영향으로 추정됨. 지방 매장도 객단가에는 차이가 없음
	경기	66개	22.0%	
	광역시	61개	20.3%	
	기타 권역	59개	19.7%	
점포특성(매장면적)	임대료	30만~ 2500만	평균 287만 원	매장의 면적이 커질수록 단위면적당 매출은 낮아짐. 면적이 크지 않아도 매출 효율성을 높일 수 있으며, 분식 업종의 객단가를 고려할 때 소규모 출점이 유리할 수 있음
	영업기간	최대 8년	평균 3년	
	5평 이하	21개	7.0%	
	6~10평	118개	49.3%	
	11~15평	102개	34.0%	
	16~20평	46개	15.3%	
	21평 이상	13개	4.3%	
입지특성(반경 300m 기준)	상주인구	620~ 5만 6000명	평균 7425명	관련 없음
	유동인구	3000~ 20만 명	평균 4만 9338명	(+) 영향
	횡단보도	2~1340m	67m	관련 없음
	전철역(기차역)	–	–	(+) 영향
	백화점	56개	18.7m	(–) 영향
	대형마트	94개	31.3m	(+) 영향
	학교	199개	406m(초)	(+) 영향
	극장	77개	25.7m	관련 없음

권별로 장사가 잘되는 만두전문점들이 어떻게 운영되는지 분석한다. 상권요인, 입지요인, 매장요인, 제품·서비스요인, 고객요인으로 나눠서 자세한 체크리스트를 만들어 기록하고 분석해보는 것이다. 상권요인은 J브랜드의 매출액 통계분석에서 사용한 변수와 본인이 추가한 변수로 도표를 만든다. 음식맛, 메뉴, 가격, 서비스, 종업원에 대해서도 기록해두면 시간이 흐른 후에 비교해볼 수 있고, 이전과 비교할 수 있으면 변화의 추세를 살필 수 있다. 그중에서 가장 장사가 잘되는 매장을 추려내 다른 매장과 비교한다. 장사 잘되는 매장의 공통점이 발견되면 원인을 다시 따져보고, 자신이 준비하는 매장에 어떻게 적용할지 고민해 사업방향에 반영한다. 그리고 효과가 있는지 확인하고 더 나은 방법을 실험한다.

예를 들어보자. 채널A 〈서민갑부〉가 247회 방영되는 동안 음식장사는 모두 100편이 소개되었다. 그중 만두전문점은 4명의 주인공을 배출했다. 원주김치만두(4회, 강원도 원주시 중앙동), 내고향만두(111회, 인천시 남동구 만수동), 내고향손만두(155회, 광주시 광산구 신가동), 단양마늘만두(164회, 충북 단양군 단양읍)가 주인공이다. 이들 만두점의 평균 연매출은 8억 5000만 원, 월평균 매출은 7000만 원이었다.

이들 만두점 4곳의 매장 위치를 확인해 각각 반경 1km의 동심원을 그렸다. 지리정보시스템(GIS)으로 배후인구, 세대수, 주택수,

〈도표18 : 김밥천국과 〈서민갑부〉 만두점 배후상권의 주요 지표 비교분석〉

반경 1km 배후상권	매장수	총인구	세대수	주택호수	기업체수	종사자수	공시지가 (3.3㎡당/원)
김밥천국	1,455	39.656	16.059	12.112	2.627	17.561	6,425,136
〈서민갑부〉 만두점	4	27,965	11,211	10,149	1,455	9,557	2,760,853
비교 비율	-	71%	70%	84%	55%	54%	43%

직장인, 공시지가를 분석했다. 비교대상이 필요하기에 전국에 두루 분포해 있는 김밥천국 1455개 매장 관련 정보를 똑같은 방법으로 GIS에 입력해 배후상권 데이터를 분석했다.

〈서민갑부〉에 선정된 만두점들은 더 좋은 상권에 있을까? 평균 수치만 살펴보니 〈서민갑부〉 만두점의 배후인구는 김밥천국의 71% 수준이었다. 기업체수는 55%, 직장인수는 54%이며, 공시지가는 3.3㎡당 276만 원으로 김밥천국 배후지역 평균 공시지가의 43% 수준이었다.

전국의 유동객 데이터는 확보하지 못해서 유동인구를 직접 비교하기는 어렵다. 대신 유동객을 만들어내는 주거인구, 기업체, 직장인 규모를 통해 가늠할 수 있다. 또한 유동인구가 많은 곳은 토지가격도 높을 것이라 추정할 수 있으므로 토지가격도 참고해 봄직하다.

처음의 질문으로 돌아가 보자. 음식점 하기 좋은 상권의 특징은 무엇인가? 어떤 음식점인가? 떡볶이, 만두, 삼겹살, 유기농 식빵, 쌈밥인가? 세부업종을 따져야 하고, 핵심고객을 점검해야 하며, 상권의 특징과 경쟁을 고려해 입지의 적합성을 판단해야 한다. 질문이 너무 크면 대답은 막연해진다. 질문이 세밀할수록 분석도 정밀해진다.

1인가구 밀집상권의 특성을 파악하는 방법은?

한국의 1인가구 비중이 빠른 속도로 늘어나고 있다. 2000년 15.5%이던 1인가구가 2017년에는 28.6%를 기록했다. 일본의 1인가구 비중이 20%에서 30%로 증가하기까지 대략 25년이 걸렸는데,[10] 현재 증가추세를 고려하면 한국은 10~15년밖에 걸리지 않을 것으로 예상된다. 한국의 1인가구 비중이 스웨덴, 덴마크, 핀란드처럼 40%를 넘어설지는 의문이지만 일본 수준에는 빠르게 도달할 것이라는 예측은 설득력이 있다. 그러므로 1인가구 상권분석은 중요하며, 점점 더 중요해질 것이다.

그런데 1인가구 상권이 과연 따로 있을까? 실제로 상권분석에서 1인가구 상권을 별도로 다루는 경우는 많지 않다. 대신 1인가

〈도표19 : 서울시 1인가구 밀집분포도〉

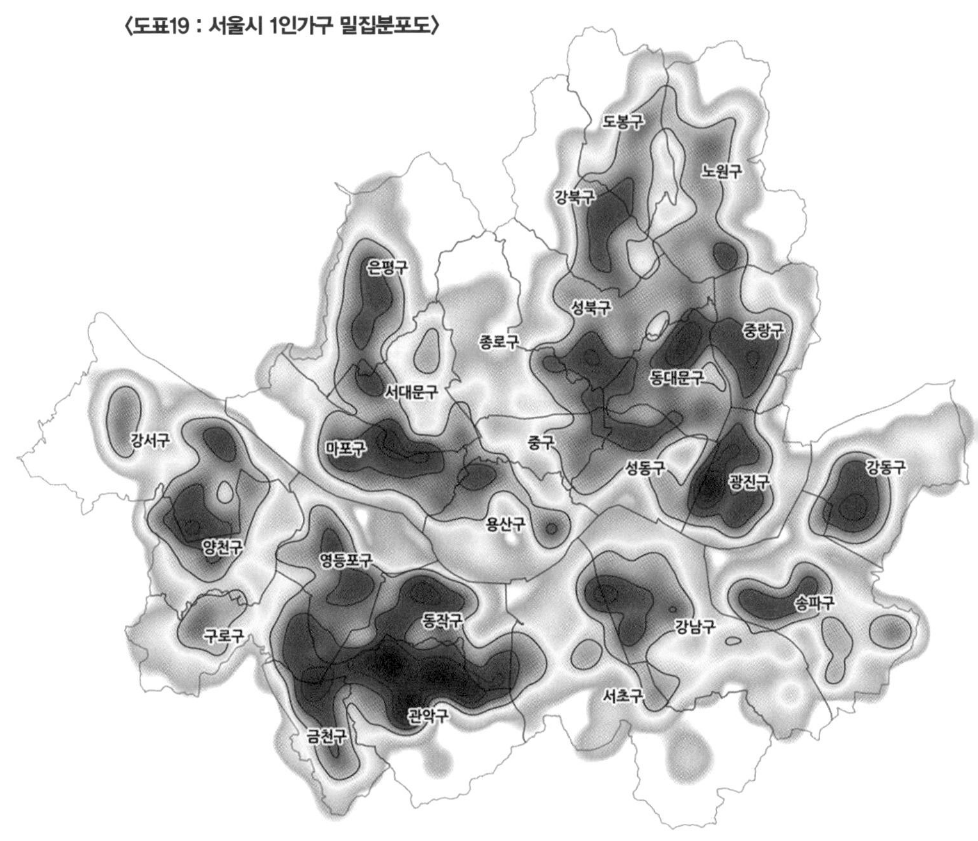

(출처 : 통계청, 2016)

구가 몰려 있는 지역을 골라 해당지역에서 1인 고객을 위한 업종, 상품, 서비스, 가격, 소비의 특징이 있는지 추적해볼 수는 있다. 서울이라면 관악구, 광진구, 동대문구, 강남구, 마포구의 1인가구 고밀도 지역을 직접 방문해 상권을 둘러보면서 1인가구 고객이 가장 활발히 구매하는 제품·서비스가 무엇인지 조사해보자.

1인가구 관련 조사자료를 검토하는 것도 도움이 된다. 서울시의 조사에 따르면 1인가구의 72%가 아침을 거르며, 저녁은 꼭 챙겨 먹으려 노력한다는 응답이 85%였다. 1인가구의 72%가 자가용을 사용하지 않으며, 거처를 선택할 때 경제조건과 교통편의를 가장 중요하게 고려하는 것으로 나타났다.[11]

혼자 살고 아침을 자주 거른다고 해서 1인가구가 외식비를 적게 쓰는 것은 아니다. 오히려 1인가구의 월평균 외식비는 2인 가구의 1인당 외식비보다 많다. 즉석·동결식품과 조리된 반찬 등 가공식품의 소비는 훨씬 더 많다. 연령별로 살펴보면 30대 이하 1인가구의 외식비가 가장 많고, 남성의 외식비 지출은 여성보다 약 2배 많았다. 식료품비는 반대로 여성이 남성보다 많이 지출한다. 여성은 혼자 살아도 직접 요리를 하는 경우가 남성보다 많다는 뜻이다. 1인가구의 식료품 소비에 관한 장기예측 보고서에서는 향후 곡물과 신선식품 등의 소비는 꾸준히 증가하되, 고칼로리 식품(육류가공품, 당류, 과자류, 유제품, 달걀 등)은 감소할 것이라 분석하기도 했다.[12] 하지만 실제로 그러한지는 현장에서 확인해야 한다.

1인가구는 3~4인가구보다 소비할 수 있는 가처분소득이 더 높다는 점도 눈여겨보자. 가처분소득이란 소득 중 세금, 연금, 보험, 이자 등을 제외하고 자유롭게 소비하거나 저축할 수 있는 소득을 말한다. 자녀가 있는 가구보다 1인가구의 구매력이 상대적으로 더 높다는 점은 주목할 만하다. 특히 이들은 자신에게 중요하다고 생각하는 소비에 대해 적극적이다. 집은 월세를 살지만 외제자동차를 기꺼이 타고 다니는 현상이 이해되는 대목이다. 대신 다른 소비는 아끼는 취향중시 구매행동을 보인다. 패션·의류, 가전, 신발·구두, 화장품, 생활용품은 인터넷을 통해 구입하지만 신선식품, 간편식, 가공식품은 자신이 속한 상권에서 해결한다. 이처럼 소비패턴이 다르기에 1인가구 밀집지역의 상권 구석구석을 살피며 혼자서 물건과 서비스를 구매하는 고객들의 행동을 유심히 관찰해볼 필요가 있다.

어떻게 관찰하면 좋을까? 연수익이 200억 원에 달한다고 알려진 일본의 이자카야 경영자 우노 다카시는 대형마트나 백화점 식품매장에서 아이디어를 얻는다고 말한다. 보통 식품전문기업이 신상품 하나를 출시하는 데 짧게는 3~4개월부터 길게는 몇 년의 시간을 들인다. 그렇게 개발했다고 해서 대형유통점이 다 받아주지도 않는다. 고객들의 선택이 없으면 곧바로 진열대에서 사라진다. 즉 대형마트나 백화점 식품매장에 진열된 제품들은 온갖 관문을 거쳐 수많은 경쟁제품을 물리치고 살아남은 승자들인 셈이다. 계절과 트렌드를 반영하고 있음은 물론이다. 그러니 이들 제품을 연구해서 우리 매장에 적용할 수 있는 것은 가져오라는 것이다.

우노 다카시가 활용한 방법을 한국에서도 모방할 수 있다. 1인가구나 1인 고객에게 가장 사랑받는 메뉴가 무엇인지 편의점, 식당, 대형할인점, 백화점 푸드코트, 식품매장을 둘러보며 연구하는 것이다. 왜 그런 메뉴가 인기 있는지 이유를 따져보면서 말이다.

일례로 1인가구가 몰려 있는 서울시 관악구 고시촌에서 한 중국음식점이 '한 그릇 3가지 맛'이라는 메뉴를 선보였다. 짜장면, 짬뽕, 볶음밥 중 식사 2개를 선택하고 탕수육, 깐풍육, 깐풍새우, 깐쇼새우, 유린기 중 요리 하나를 선택하면 한 그릇에 담아 음료수와 함께 배달해준다. 가격대는 짜장면의 1.5배 수준인데, 3가지 맛을 즐긴다는 점에서는 가성비도 있다. 인기메뉴를 다 즐기고 싶어 하는 한국 소비자들의 특성을 반영한 메뉴다. 이 중국집은 어디에서 아이디어를 얻었을까? 횟집에서다. 한국에서는 모듬회처럼 이것저것 골고루 먹을 수 있는 세트메뉴가 유독 많다. 다른 업종에서 인기 높은 메뉴의 특성을 이해한 후 중국음식에 적용한 경우다.

실제 가게를 열 때 검토할 기준은 무엇인가?

정부 차원에서 상권분석 시스템을 처음 준비할 때였다. 국가 예산을 들여 국민 누구든 쉽게 상권분석을 할 수 있도록 정보시스템을 인터넷에 공개하기로 결정했다. 여러 회사가 경쟁입찰에 참여했다.

당시 심사기준에 따르면 총점 100점 중에서 '포화지수'와 '매출예측' 항목의 합계점수가 80점을 차지했다. '포화지수'는 특정 상권에 특정 업종이 얼마나 많은지를 수치로 표현한 것이다. 예를 들어 명동상권 1000개 가게 중에서 화장품 매장이 100개라면 명동상권의 화장품 가게 포화지수는 10이고 이것을 다른 상권과 비교하여 창업자들에게 비교기준을 제공하려는 의도였다. '매출예측'

은 창업자가 가장 궁금해하는 예상매출액을 방정식으로 산출해서 미리 사업성을 검토할 수 있게 예측치를 제공하자는 취지였다.

"저희는 '포화지수'와 '매출예측' 기능이 없는 상권분석 시스템을 제안합니다."

이렇게 발표를 시작하자 심사위원 7명이 일제히 서류에서 고개를 들어 발표자를 쳐다보았다. 심사위원장이 마이크를 켜고 제지했다. "잠깐만요. 저는 이번 정부사업의 업체선정을 위해 구성된 심사위원회 위원장입니다. 지금 제 앞에는 심사용 채점표가 있습니다." 심사위원장이 채점표를 흔들며 발언을 이어갔다. "여기에 보면 '포화지수'와 '매출예측' 항목에 각각 40점씩 총 80점을 주도록 아예 인쇄가 되어 있습니다. 지금 발표자는 80점을 포기하겠다는 겁니까? 그렇다면 저희 심사위원들은 80점에 0점을 기록할 수밖에 없습니다. 그래도 발표를 계속하시겠습니까?" 심사위원장은 은색 안경테 너머로 전체 참석자가 다 들을 수 있도록 또박또박 신중하게 발언했다.

"서울에는 감자탕 가게가 몰려 있는 상권이 몇 군데 있습니다. 여기에 또 하나의 감자탕 가게가 등장하면 바로 망할까요? 여자대학교 앞에는 화장품 가게가 정말 많습니다. 또 하나의 화장품 가게가 문을 열면 장사가 안 된다고 확신할 수 있을까요? 노량진 수산시장에는 수십 개의 횟집이 줄지어 장사하고 있습니다. 왜 어떤 가게는 흥하고 어떤 가게는 망할까요?"

발표자는 특정 업종의 매장이 많다고 무조건 장사가 안 될 거라 단정할 수 없다고 주장했다. 심사위원들의 표정이 복잡해졌다.

"만약 정부가 제공하는 상권분석 시스템에서 어느 초등학교 앞 떡볶이 가게의 예상매출액을 월 400만 원으로 공개했다고 가정해보겠습니다. 그 데이터를 믿고 창업했는데 월매출이 200만 원밖에 나오지 않았다고 상상해보겠습니다. 아마 그 창업자는 정부를 상대로 소송을 제기할지도 모릅니다. 매년 약 100만 곳이 창업하고 90만 곳이 폐업신고를 합니다. 정부는 어떻게 대응하실 건가요? 정부가 예상매출액을 발표하면 엄청난 소송이 끊이지 않을 것입니다."

심사위원장이 다시 물었다. "그렇다면 발표자는 어떻게 상권분석 시스템을 만들자는 것인가요? 설명을 부탁합니다."

"정부는 객관적인 정보만 제공하고 창업자나 매장 경영주가 자신의 경영계획을 잘 수립하고 변화에 대응하도록 돕는 차원에 그쳐야 합니다. 이런 사업을 하면 좋다거나 나쁘다거나 장사가 잘될 거다, 아니다 수치로 언급하면 위험합니다. 저는 어느 유통회사의 슈퍼마켓 매출예측 시스템 개발에 참여한 적이 있습니다. 전국의 수백 개 매장에 똑같은 간판을 달고 거의 같은 상품을 판매하는 곳입니다. 하지만 수백 개 매장에서 10년 이상 쌓인 수백만 고객의 결제데이터를 분석해도 매출예측은 너무나 어려워 10~20년

장기계획으로 추진하기로 했습니다."

발표자는 자신의 경험을 바탕으로 매출예측과 상권분석의 어려움에 관해 설명을 이어갔다. "그런데 전혀 다른 상품과 서비스, 제각각인 창업자의 역량은 고려하지 않은 채 모든 업종에 일률적으로 적용되는 매출예측을 시도한다는 것은 너무나 비현실적인 계획입니다. 상권분석 시스템 사용자에게 예상매출액을 제공할 것이 아니라 스스로 최선의 사업계획을 수립하고 그 결정에 책임지도록 객관적인 정보만 지원하는 시스템으로 만들어야 합니다. 경영역량을 높일 수 있도록 자발적으로 탐색하려는 이들에게 방향을 제시하는 데 그쳐야 합니다."

발표자는 스크린에 당시 미국 중소기업청 홈페이지(SBA.gov) 초기화면을 보여주었다. 화면에는 '창업자를 위한 20개의 질문(20 Questions Before Starting)'이라는 항목이 있었다. 제목을 클릭하자 세부질문이 나타났다. 각 질문을 선택하면 질문의 의미와 배경이 소개되고, 어디에서 관련 정보를 찾을 수 있는지도 안내해 주었다. 어디에서 교육과 상담을 받을 수 있는지 알려줌으로써 창업자 스스로 생각하고 준비하여 결과에 책임지도록 유도하는 것이다.

미국 연방정부가 미국 창업자를 위해 제시한 질문은 미국에만 통용되는 내용은 아니다. 대한민국의 창업자에게 적용해도 전혀 문제없다. 여기에 20개 질문을 소개한다.

- 왜 사업을 시작하려 하는가?
- 내가 원하는 사업은 무엇인가?
- 누가 나의 이상적인 고객인가?
- 내가 제공하려는 제품과 서비스는 무엇인가?
- 어디에 시간과 자금을 투자해야 하는가?
- 내 사업의 차별성은 무엇인가?
- 사업지를 어디로 할 것인가?
- 사업을 추진하는 데 반드시 필요한 최소인원은 몇 명인가?
- 어떤 종류의 구매처가 필요한가?
- 창업자금은 얼마나 필요한가?
- 융자를 받을 것인가?
- 제품·서비스를 제공하기까지 운영자금이 얼마나 필요한가?
- 수익이 발생하기까지 얼마나 걸릴 것인가?
- 누가 나의 경쟁자인가?
- 현재의 경쟁조건을 감안해 가격은 어떻게 책정할 것인가?
- 사업 관련 법규나 규제는 무엇인가?
- 세금은 얼마나 되는가?
- 사업에 필요한 보험은 무엇이 있는가?
- 어떻게 사업을 경영할 것인가?
- 어떻게 사업을 알려갈 것인가?

20가지 질문에 최선의 대답을 하면 그것이 곧 최선의 사업계획서가 된다. 20개 질문은 사업계획서를 작성하고 투자를 유치하고 예상되는 어려움을 대비할 수 있도록 추려낸 것들이기 때문이다. 오랫동안 글로벌 기업을 이끌어온 경영자라고 해서 쉽게 답할 수 있는 질문도 아니다. 가장 기본적이지만 가장 근본적인 사업의 방향과 준비내용을 담고 있기에, 자기 사업을 꿈꾸는 예비창업자를 훌륭한 경영자로 변신시키는 질문이기도 하다.

"바로 이런 항목을 창업자 스스로 점검하고 준비해서 자신만의 사업계획서를 작성하도록 돕는 상권분석 시스템을 만들어야 합니다."

발표가 끝나자 심사위원장은 외부자를 모두 내보내고 회의를 시작했다. 다음 날 정부 책임자에게 전화가 왔다. "어제 저희 심사위원회는 업체 발표가 끝난 오후 4시부터 밤 12시까지 난상토론과 격론을 벌였습니다. 결국 포화지수와 예상매출액은 시스템에서 없애기로 결정했습니다. 심사위원회에서 새로운 심사기준을 정한 결과, 마지막으로 발표한 회사가 최고점을 얻었습니다."

실제 가게를 창업할 때 대부분의 창업자는 창업자금, 업종선택, 입지선정 3가지에 매달린다. 돈을 마련하고 적합한 업종을 골라 적당한 입지를 정하면 장사가 잘될 것이라 기대한다. 그러고는 곧바로 세부준비에 바빠진다. 간판은 어떻게 할 것인가? 조명은 어떻게 하고 식기는 어떻게 할 것인가? 전단지는 준비할 것인가?

세부적인 창업준비에 신경 쓰는 동안은 들뜬 상태에 빠지기 쉽다. 번듯하게 운영될 미래의 사업장을 상상하며 더욱더 눈에 보이는 것에만 전념하게 된다. 이런 세부항목을 하나하나 결정하는 것도 예상보다 어렵고 복잡하다. 하지만 눈에 보이는 것을 준비하고 결정하는 것은 시간이 걸려도 끝마칠 수 있다. 진정 사업의 성패를 좌우하는 사항들은 당장 눈에 보이지 않고 손에 잡히지 않는다. 문제는 대다수의 창업자들이 눈에 보이지 않지만 정말 중요한 항목들은 점검할 기회조차 갖지 못한 채 개업까지 분주하게 달려간다는 사실이다.

미국 중소기업청이 던진 20개 질문 가운데 처음 3가지만 다시 살펴보자. 사업하는 이유, 바람직한 사업의 모습, 이상적인 고객에 대해 확실하고 구체적인 대답을 했는지 반문해볼 일이다. 창업자가 왜 사업을 하는지 고객은 신경 쓰지 않는다. 오직 고객 자신에게 필요한 것인가 아닌가만 따진다. 가게 문을 열든 말든 절박한 건 고객이 아니다. 사업하는 이유와 고객의 요구가 일치해야만 사업은 본궤도에 오를 것이다.

이런 기본사항을 제대로 점검하기 위해 사업계획과 상권분석이 필요하다. 사업계획이 제대로 준비되지 않으면 간판, 식기, 조명, 메뉴는 잠깐의 자기만족만 줄 뿐이다. 그러니 사업계획서 작성을 위한 20개 질문을 반드시 기억하자.

한편 상권분석에는 좀 더 세세한 체크리스트가 필요하다. 상권을 분석할 때에는 경쟁매장, 교차로, 군집성, 배후인구, 유동객, 집객시설을 살피는 방법이 필요하다. 그리고 건물 안에 입지를 정할 때에는 매장의 면적, 대로변 전면길이, 시인성, 접근성, 코너 여부, 횡단보도를 어떻게 고려해야 하는지 등을 알아야 한다. 온라인과 모바일에서 매장 검색이 일반화되고 있으므로 이럴 경우 어떤 점을 고려해야 하는지도 파악해야 한다. 이에 대한 체크리스트는 4장에서 자세히 살펴볼 것이다.

고수들은 어떻게 입지를 고르는가?

의사는 실험실, 수술실, 진료실에서 실력을 키울 수 있다.

변호사는 법률 소송에 참여하며 전문성을 쌓는다.

그렇다면 매장을 운영하는 경영자는

어떻게 자신의 경영역량을 높일 수 있는가?

전혀 다른 상권에서 전혀 다른 매장을 동시에 경영하기도 여의치 않다.

매장을 장시간 비울 수 없으니 학교에서 공부하기도 어렵다.

이런 사장님들이 경영지식을 얻을 수 있는 가장 현실적인 대안은

비슷한 업종과 비슷한 상권에서

이미 성공한 경영사례를 연구하는 것이다.

한 권의 책에서, 온라인 동영상에서,

신문기사에서도 얼마든지 찾을 수 있다.

그러니 언제 어디서든 자신만의 방식으로

사례연구를 시작할 수 있다.

Chapter 3

상권분석의 고수를 찾아서

경영대학원에서 데이터 분석 강의를 맡게 되었다. 어떻게 강의할지 방향을 정해야 했다. 해외 경제전문지에서 가장 높은 평점을 받은 경영대학원의 교과내용을 살펴보았다. 그들은 어떤 교육 프로그램으로 어떻게 가르치는가? 학비도 궁금했다. 해외 유명 경영대학원의 1년 학비는 한국 급여생활자 평균연봉의 2배가 넘는 곳이 대부분이었다. 생활비를 더하면 유학경비는 다시 2배 더 늘어나는 데다. 보통 2년 과정이다. 해외 유명 경영대학원 유학은 한국 직장인 평균연봉의 8배 자금이 필요한 선택이다.

해외 경영대학원은 크게 4가지 방식으로 가르치고 있었다. 사례연구, 교수 강의, 팀 프로젝트, 현장방문 등이다. 이 중 눈에 띄는 것은 사례연구다. 34개 유명 해외 경영대학원의 사례연구 비중은 평균 38%다. 하버드 대학교는 교수강의 비중이5%도 안 되는 반면 사례연구 비중은 80%나 된다. 해외 경영대학원 종합평가에서 꾸준히 가장 높은 위치에 오르는 하버드가 사례연구에 이렇게 공을 들이는 이유는 뭘까? 학생들은 그렇게 비싼 학비를 내고서 왜 교수 강의는 뒷전(?)이고 500여 건의 사례연구에 몰두하는 걸까?

사례연구 중심의 경영교육에 대한 비판도 물론 있다. 대부분 미국 기업 중심인 데다 시대에 뒤떨어진 사례도 많다. 토론식 수업에만 집중하지 말고 기본 지식을 쌓아가는 충실한 강의와 사고력을 기를 수 있는 쓰기 과제를 더 해야 한다는 지적도 있다. 나아가 특정 기업의 특정 시기, 특정 사건을 중심으로 사례연구가 진행되면 해당 산업의 전반적인 경영환경과 역사적 변화과정을 놓치게 된다고 걱정한다. 물론 책에서나 만날 수 있는 과거 사례가 아니라 현재 진행되는 문제를 실제 현장에서 직접 해결하는 교육방식을 강조하는 학교도 있다.[13]

왜 상권분석 책에서 해외 경영대학원의 사례연구에 대해 말하는지 궁금할 듯하다. 해외 유명 경영대학원의 사례연구가 상권분석의 중요 관심사는 아니다. 진정한 관심사는 사례연구의 활용이다. 자신이 서 있는 곳이 어디든 사례연구는 가능하고 각자 상황에 맞게 활용하는 것도 물론 가능하다. 상권은 앞으로 계속 변화해갈 것이다. 미래의 상권변화에 어떻게 현명하게 대처할 것인가? 이에 대한 근본적인 해법을 고민하다 사례연구라는 대안을 떠올리게 되었다.

어느 하버드 경영대학원 졸업생은 사례연구의 가치를 이렇게 말한다.

"사례연구는 직접적인 정답을 찾아내는 작업은 아닙니다. 하지만 그 상황에 놓인 경영진이라면 어떻게 대처해야 할지 상상하게 만듭니다. 정보와 수단이 충분히 제공되지는 않지만 경영환경을 분석하고 해법을 찾는 것입니다. 그 과정에서 함께 공부하는 동료들의 접근방식과 해결책을 들으며 자극받고 자신만의 정답을 만들어가는 연습을 하는 것입니다."

즉 사례연구의 목적은 다른 사람의 경험에서 자신만의 대처방안을 터득하는 것이다.[14]

의사는 실험실, 수술실, 진료실에서 실력을 키울 수 있다. 자신이 원하고 여건이 허락하면 얼마든지 환자와 실험수를 늘려서 지식과 경험을 쌓을 수 있다. 변호사는 법률 소송에 참여하며 전문성을 쌓는다. 모의재판을 통해 예상되는 법리논쟁에 대비한다. 그렇다면 매장을 운영하는 경영자는 어떻게 자신의 경영역량을 높일 수 있는가? 전혀 다른 상권에서 전혀 다른 상황의 매장을 동시에 경영하기도 어렵다. 여러 매장을 운영할 수는 있어도 경영자는 한 번에 한 매장에서만 현실을 체험할 수 있다. 매장을 장시간 비울 수 없으니 경영대학원에서 공부하기도 여의치 않다. 이런 사장님들이 경영지식을 얻을 수 있는 가장 현실적인 대안은 비슷한 업종과 비슷한 상권에서 이미 성공한 경영사례를 연구하는 것이다.

성공한 경영자들 중 경영학을 전문으로 공부한 이는 많지 않을 것이며, 경영학 지식이 반드시 필요한 것도 아니다. 저마다의 성장배경, 학력, 나이, 인생경험, 노하우를 바탕으로 고객들의 선택을 이끌어낸 경영자들은 어느 상권에서나 찾을 수 있다. 한 권의 책에서, 온라인 동영상에서, 신문기사에서도 얼마든지 찾을 수 있다. 그러니 언제 어디서든 자신만의 방식으로 사례연구를 시작할 수 있다.

하버드에서 500여 건의 사례연구를 한다지만, 실상 사례연구는 횟수보다 연구방향이 중요하다. 이 책에서는 실패사례보다는 성공사례에 주목하고자 한다. 수백 건의 실패사례를 연구하면 실패요인들에 대해 잘 알 수 있을 것이다. 어떻게 하면 망하는지 교훈을 얻을 수 있다. 하지만 실패요인을 잘 안다고 해서 성공요인까지 자동으로 습득되는 것은 아니다. 예선전에 탈락한 운동선수만 연구해서는 어떻게 해야 금메달을 딸 수 있는지 알기 어렵다. 금메달 수상자들이 어떻게 실력을 쌓았는지 연구해야 자신에게 맞는 훈련방법을 발견할 가능성이 커진다. 그렇기 때문에 성공사례 연구가 실패연구보다 우선한다.

그렇다면 어떤 기준으로 상권분석의 성공사례를 연구해야 할까? 여기에서는 두 가지 기준을 적용했다. 첫째, 매우 널리 알려진 사례 중에서 독자가 후속연구를 이어갈 수 있어야 한다는 기준이다. 그래서 스타벅스를 골랐다. 스타벅스는 지리정보시스템(GIS)을 이용하여 날씨, 지역행사, 경쟁, 인구, 경제 데이터를 실시간으로 분석하고 있다. 스타벅스에서 부동산과 출점전략을 담당했던 부사장의 책에서 상권분석에 관한 사항을 간추렸다.

두 번째 기준은 '용기와 격려'다. 독자로 하여금 '어렵지만 다시 해보자', '나도 충분히 할 수 있겠네' 하는 마음이 들 만한 사례를 선별했다. 매장 한두 개를 가진 대부분의 자영업자들에게 스타벅스의 사례는 남의 나라 이야기로 들릴 수 있다. 자신과 처지가 비슷하지 않으면 사례연구는 자칫 '그림의 떡'처럼 멀게 느껴질 것이다. 당장 적용할 수 있는 비슷한 처지의 생생한 이야기를 찾고 싶었다.

그래서 스타벅스 매장 바로 옆에서 커피전문점을 개업해 성공한 한국의 젊은 창업자 이야기를 소개하려 한다. 같은 건물에는 14개 커피점이 치열하게 경쟁하고 있다. 그 틈바구니에서 놀라운 성과를 내고 있는 작은 커피전문점의 비결을 데이터로 분석했고 경영자도 만나 따로 취재했다. 경영자가 인터넷에 남긴 진솔한 이야기도 소개했다.

일본의 우노 다카시가 운영하는 이자카야는 대부분 유동인구가 풍부한 A급지가 아닌 외진 곳에서 성공을 거두고 있다. 우노 다카시의 성공사례는 상권분석에 대해 근본적으로 다른 생각을 하도록 이끌어준다. '외진 곳이라도 무조건 성공할 수 있다'는 그릇된 신념을 퍼뜨리려는 것이 아니다. 그보다는 '스스로 고객을 창출하며 자신만의 상권을 창조하는 능력을 어떻게 키울 것인가?'에 대한 새로운 영감을 얻기 바라며 연구사례로 선정했다. 채널A의 〈서민갑부〉 프로그램도 같은 취지로 소개했다. 이들 사례는 상권의 매력보다 매장 자체의 매력을 끌어올려 스스로 상권을 확대할 수 있음을 보여준다.

입지선정이 곧 브랜드 구현과정 : 스타벅스 출점전략

스타벅스의 회장 하워드 슐츠는 청년시절에 제록스 영업사원으로 복사기를 팔러 다녔다. 그가 살던 뉴욕의 작은 아파트에는 건축설계사무소에 다니는 아서 루빈펠드도 살았고, 그들은 서로 친구가 되었다.[15] 세월이 흘러 하워드는 스타벅스를 인수했고, 부동산중개업을 하던 아서를 스타벅스의 점포개발, 출점전략, 부동산 업무를 총괄하는 부사장으로 영입했다. 1992년 당시 스타벅스는 매장을 80개로 확장하려던 참이었다. 아서는 스타벅스가 4000개 매장으로 성장할 때까지 최일선에서 일했다.

2000년 하워드 슐츠가 경영일선에서 물러나고 2002년 아서도 퇴임했다. 같은 해 아서는 컨설팅회사 에어비전(AIRVISION)를 창업하고 마이크로소프트와 아디다스 등 다양한 브랜드의 매장 디자인 및 출점전략 프로젝트에 참여했다. 2005년 자신의 경험을 《Built for Growth》라는 이름으로 출판했고 2006년에는 《소매업 성공전략》이라는 제목의 한국어 번역서가 출간되었다. 2008년 하워드 슐츠가 다시 스타벅스 경영현장에 돌아올 때 아서 루빈펠드도 스타벅스 글로벌 회장 겸 창의경영자(Chief Creative Officer)로 복귀했다.

전 세계에 3만 개 이상의 매장을 보유한 스타벅스는 가장 앞서가는 커피 브랜드인 동시에 최고의 상권분석 전문성을 보유한 기업이기도 하다. 연매출 20조 원이 넘는 거대 글로벌 기업이니 상권분석에 투자할 여력이 충분하리라 생각하기 쉽지만, 사실은 그 반대다. 회사 규모가 아주 작을 때부터 과학적인 시스템을 갖추어 상권분석을 실행해왔기 때문에 오늘의 성공을 이룰 수 있었다. 이 같은 스타벅스의 상권분석 역량을 다루려면 아서 루빈펠드를 빼고 설명하기 어렵다.

상권분석 강의를 할 때마다 "상권분석에 관해 단 한 권의 책을 읽어야 한다면 《소매업의 성공전략》"이라고 마음을 담아 추천하곤 했다. 스타벅스가 성공한 브랜드이고 유명기업이 사용하는 방법이어서가 아니다. GIS를 도입했는가, 빅데이터를 사용하고 있는가를 따지는 기술상의 관심 때문도 아니다. 스타벅스의 상권분석 전략이 사업을 대하는 그들의 태도와 열정과 전문성을 담고 있기 때문이다. 나아가 이것이 이론에 머물지 않고 성과로 입증되었고 여전히 위력을 발휘하고 있기 때문이다.

아서 루빈펠드가 상권분석에서 가장 강조하는 것은 "입지선정을 '브랜드'의 구현과정으로 대하라"는 점이다. 브랜드는 고객의 기억에 남아 있는 기업, 제품, 서비스, 매장에 관한 경험과 느낌의 총합이다. 상권분석에 브랜드를 고려한다는 것은 고객의 입장에서 건물 디자인, 구조, 접근성, 건물과의 어울림, 주차 편리성, 매장의 안락함, 음악, 냄새, 종업원의 태도와 표정까지 두루 살핀다는 의미다. 루빈펠드는 브랜드의 핵심가치를 입지와 어떻게 연결할지 반영하는 과정이 상권분석의 절차에 녹아들어야 한다고 강조한다.

그는 경영자의 핵심가치가 어설프면 매장 자체도 보잘것없다고 매정할 정도로 단언한다.

"동네식당 주인이 반드시 전국체인으로 성장하겠다는 야망을 가져야 할 필요는 없지만, 뒷골목의 수수한 식당보다 나은 뭔가를 추구할 수는 있다. '우리는 이 지역에서 가장 훌륭한 아침식사를 제공한다.' 이런 사명은 고객이 공감하고 감동하는 뭔가를 창출한다. 이 식당의 사명은 이렇게 이어질 수도 있다. '우리는 고객이 분주한 하루 일과를 시작하기 전에 아주 즐거운 15분을 선사한다.' 이러한 목표는 고객을 만족시키는 구체적인 시스템으로 이어진다. 또한 고객을 대하는 종업원의 태도, 그리고 종업원을 위하는 회사의 자세를 구체적으로 규정한다. 우리는 종업원을 잘 대우하여 그들이 고객을 보다 잘 응대하도록 한다."

강력한 핵심가치가 있으면 브랜드를 형성하고 고객경험을 창출하는 여러 요소를 세심하게 챙기게 된다.[16] 그런 맥락에서 상권분석은 단순히 여러 후보 입지 중에서 적절한 매장을 선택하는 과정이 아니다. 브랜드와 고객이 만나는 공간적인 거점을 창조하는 작업이다.

그렇다면 스타벅스는 브랜드 전략에 기반한 출점전략을 구체적으로 어떻게 구사했을까? 아서 루빈펠드는 스타벅스에서 허브앤스포크(hub & spoke) 출점전략을 적용했다. 허브(hub)는 자전거 바퀴의 중심축, 스포크(spoke)는 바퀴살을 떠올리면 된다.

스타벅스 초창기에 100개의 매장을 출점한다고 가정해보자. 미국은 50개 주이니 각 주에 2개씩 매장을 내면 계산이 편리할 것 같다. 하지만 이것은 심리학자 대니얼 카너먼이 지적한 '토끼의 사고방식'이다. 직관을 성급하게 적용한 결과다. 이성을 동원해 '거북이의 사고방식'을 적용해보자. 전국 50개 주에 2개씩 매장을 내면 무슨 일이 벌어지는가?

첫째, 커피 원두를 제공하고 매장을 관리하기 위해 전국을 돌아다녀야 하므로 물류가 비효율적이다. 둘째, 매장 인력을 충원하고 지원하고 교육하기 힘들다. 한 매장의 매니저가 감기몸살로 근무하기 어려울 때 바로 옆 매장에서 지원하기 어렵다. 셋째, 너무 드문드문 흩어져 있어서 사람들이 기억조차 하지 못한다. 가시성과 브랜드 인지도를 높이는 데 불리하다. 넷째, 경쟁자가 들어오기 쉬워 위기에 빠질 수 있다. 다섯째, 마케팅 효과를 기대하기 어렵다. 여섯째, 종합적으로 시장지배력을 강화하기가 힘들다. 언뜻 떠올려본 단점이 벌써 6가지나 된다.

허브앤스포크 전략은 이러한 단점을 극복하기 위한 일종의 '선택과 집중' 전략이다. 서울시청역 인근에 스타벅스가 몇 개나 되는지 아는가? 반경 1km 안에만 50개를 헤아린다. 여의도에만 2019년 현재 18개의 매장이 있다. 이처럼 집중적으로 매장을 밀착시켜 출점하는 지역이 허브가 된다. 그렇다면 바퀴살은 어디일까? 서울의 대표적 업무밀집지인 서울시청, 을지로, 강남 테헤란로, 여의도 일대는 상대적으로 주거인구가 적다. 직장이 몰려 있기 때문에 서울과 수도권 주거단지에서 출퇴근 행렬이 만들어진다. 서울의 업무밀집지가 자전거 바퀴의 중심축이라면 자전거 바퀴살은 직장인들이 거주하는 주거밀집지역이다. 스타벅스는 우선 직장인 밀집지역에 중심거점을 형성해 브랜드 인지도를 높이고 안정적인 고객층을 확보한 다음 직장인들의 출퇴근 동선을 바퀴살처럼 따라가 배후지역에 출점한다.

〈도표20 : 스타벅스의 허브앤스포크 전략에 따른 입지선정 우선순위〉

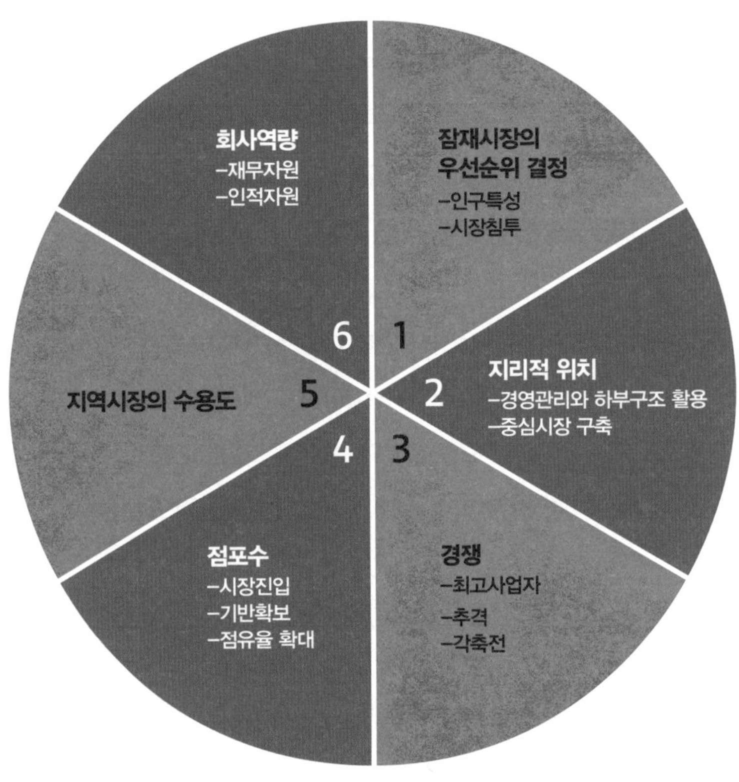

이러한 전략에 따라 스타벅스는 잠재고객 데이터를 활용해 구체적인 입지를 정한다. 이때 먼저 고려되는 사항은 크게 6가지로 '잠재시장의 우선순위 결정, 지리적 위치, 경쟁, 점포수, 지역시장의 수용도, 회사역량' 순이다(〔도표20〕 참조).

이를 위해 스타벅스는 자체적으로 잠재고객 데이터베이스를 만들어 지속적으로 갱신해왔다. 가장 이상적인 목표고객은 도시의 전문직 노동자와 18~45세에 속하는 고소득자들이다. 점심값에 맞먹는 커피를 여러 잔 마실 수 있는 경제력과 문화적 민감도를 가진 고객층을 선별해 매장을 내겠다는 의도다. 이런 사람들의 특성은 무엇일까? 4년제 대학을 졸업하고 대기업 및 과학·기술·사무직이나 전문직종에 종사하는 사람들이다. 그들이 몰려 있는 곳을 서울에서 찾아본다면 서울시청, 을지로, 테헤란로, 여의도, 구로디지털단지 지역이다.

스타벅스는 특정 상권에 진출하기 전에 주변의 고급 레스토랑에서 라떼와 카푸치노가 얼마나 판매되는지를 보고 그 지역의 고급커피 수용도를 판단한다. 해당 상권의 다른 업종도 면밀하게 살핀다. 영화관, 쇼핑몰, 문화시설 등 스타벅스의 잠재고객들이 즐겨 찾을 만한 시설이 얼마나 있는지 데이터로 측정해왔다. 아서 루빈펠드는 맥도날드가 신규입지를 결정할 때 배후지역의 어린이 인구를 추정하기 위해 슈퍼마켓을 돌아다니며 우유 진열대의 길이를 기록하고 다른 지역과 비교한 예를 소개하기도 했다. 구체적인 세부통계가 부족할 때는 대리지표를 이용해서라도 상권의 특성과 잠재고객을 파악하고자 노력하라는 주문이다.

그가 강조한 가장 기본적인 6가지 체크리스트를 요약하면 다음과 같다.

- 상업지에 거주하고 일하는 사람들의 소득수준과 주택규모 및 형태
- 자신의 사업업종에 적합한 주간·야간 인구규모
- 상권 내의 기업체수
- 경쟁자의 수와 매출규모, 입지특성
- 집객시설(대형유통점 등)과 다른 상가업소에 형성된 고객층 파악
- 유동인구가 고객으로 전환될 가능성 파악

방금 언급했듯이, 아서 루빈펠드가 자신의 책에서 소개한 관련 연구 중에는 맥도날드 부동산담당 부회장이었던 루이지 살바네스키의 책《상업용 부동산의 이론과 실제》도 있다. 특히 특정 상권을 분석하기 전에 전국과 광역지역의 변화를 먼저 파악하고 세부 상권분석을 통합해온 노력을 언급했다. '새의 눈'으로 먼저 보고 '개미의 눈'으로 상권을 살피라는 조언이다. 이 작업을 가장 효율적으로 수행할 수 있는 방법으로 컴퓨터시스템을 제안했다. 다양한 데이터를 지리정보시스템(GIS)에 입력해 잠재고객의 특성을 분석하고, 잠재고객의 규모를 표시하며, 상권 간의 고객이동 패턴

과 특징을 시각화하고 분석하는 것이다.[17]

스타벅스가 GIS를 이용해 상권을 분석한다는 사실은 1990년대 중반부터 외부에 알려지기 시작했다. 2000년 당시 스타벅스 점포 개발담당 부사장이었던 신디 허왓(Cydnie Horwat)은 어느 경영지와의 인터뷰에서 이렇게 말했다. "스타벅스의 매장확보는 다양한 지리분석 모델(spatial models), 지리·인구통계(geo-demographics), 매출예측 모델(sales forecasting models)을 사용하고 있습니다. 매장출점과 관련된 모든 의사결정은 지리정보를 포함해 다양한 데이터를 검토하고 평가해서 내려집니다."

하워드 슐츠 회장도 경영컨설팅 기업 맥킨지와의 인터뷰에서 상권분석과 통계분석의 중요성을 강조했다.[18] "이것만을 전담하는 부서가 있고 해당지역의 부동산팀이 미국 본사와 함께 일하고 있습니다. 지난 40여 년간 우리는 매우 정교한 모델을 구축해왔습니다. 인구통계학을 바탕으로 어디에 스타벅스 매장이 위치할 것인지에 관한 모델입니다. 과거의 성공요인에 기초해 지금은 해당 통계와 측정모형을 맵핑(mapping)하고 있습니다. 스타벅스만의 탁월한 예측력과 뛰어난 이해력은 이런 노력의 소산입니다."

스타벅스의 상권분석 방법을 연구하며 어떤 자료화면을 예로 들면 좋을까 생각했다. 수많은 이미지 자료 중에서 딱 두 장을 골랐다. 스타벅스 내부의 상권분석 노하우가 외부에 공개된 적은 거

〈도표21 : 스타벅스 GIS 경영전략솔루션 기상데이터 분석도〉

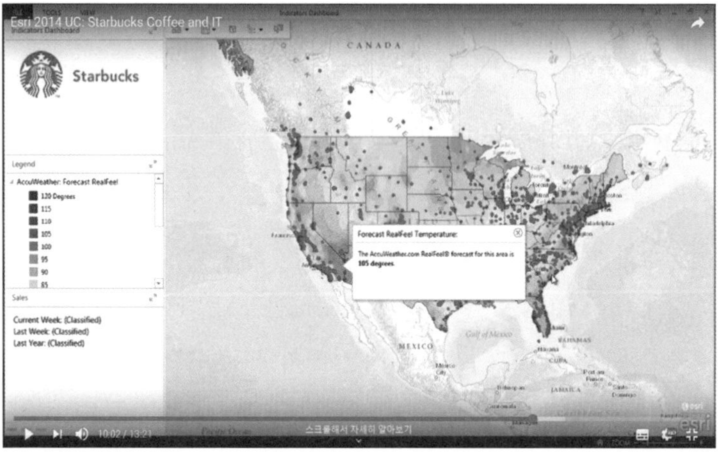

(출처 : 유튜브 'ESRI 2014 Conference')

의 없다. 그러던 차, GIS 컨퍼런스가 미국 샌디에고에서 열렸을 때 스타벅스 전략책임자가 회사 내부에서 사용하는 상권분석 솔루션을 시연한 화면을 유튜브에서 발견하고 무척 흥분했다. '드디어 말로만 듣던 상권분석 툴의 일부라도 눈으로 확인할 수 있다'는 설렘이 있었다.

첫 번째 예시화면인 〔도표21〕은 '기상데이터 분석도'다. 스타벅스의 GIS 상권분석 시스템 '아틀라스(Atlas)'에는 다양한 기능이 있는데, 그중 미국 전역의 날씨 데이터와 매장 매출과의 관계를 표시한 지도가 특히 인상적이었다. 발표자는 청중에게 "사람들은 온도계가 몇 도를 가리키면 아이스커피를 주문하고 몇 도로 내려가면 뜨거운 커피를 주문할까요?"라고 질문했다. 음료와 음식은 계절과 날씨에 따라 메뉴와 매출이 달라진다. 스타벅스는 지리정보시스템을 이용해 지역, 날씨, 매출, 메뉴의 상관관계를 분석하고 있다.

스타벅스 같은 글로벌 기업만 기상데이터를 활용하는 것은 아니다. 국내 제과점 브랜드에서도 '날씨판매지수'를 개발해 결제단말기 화면에 직접 정보를 제공한다. 날씨가 화창해서 야외활동이 많은 날은 샌드위치 판매가 늘어나고, 비가 오면 기름기 많은 피자빵이 잘 팔리는 패턴을 꾸준히 분석했다. 이 자료를 기초로 날씨에 따라 진열대 위 제품 배치를 바꾼다고 한다.[19] 개인 매장

〈도표22 : 스타벅스 GIS 경영전략솔루션 지역행사 분포도〉

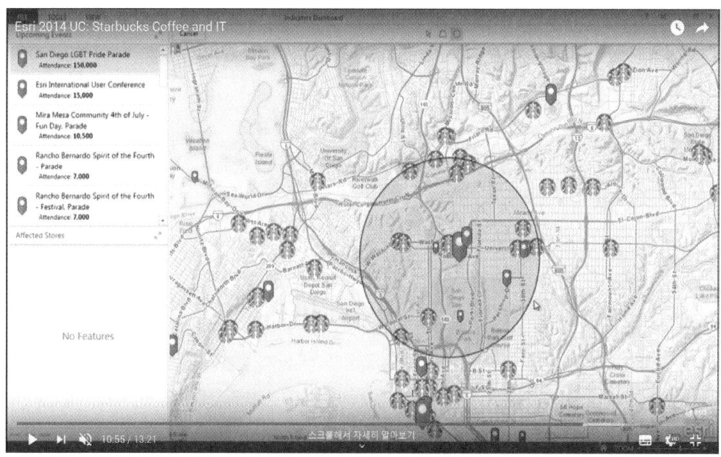

(출처 : 유튜브 'ESRI 2014 Conference')

도 얼마든지 가능하다. 대전 유성구에서 작은 김밥집을 운영하는 김봉자 사장은 흐린 날은 손님들이 기분전환을 위해 매콤한 '땡초김밥'을 더 많이 주문한다는 것을 알게 되었다. "장사를 오래하다 보니 날씨가 중요하더라고요. 그래서 맑은 날에는 손님들이 어떤 김밥을 먹고 흐린 날에는 어떤 김밥을 먹는지 생각해서 날씨경영을 하게 됐어요. 덕분에 매출도 올랐습니다."[20]

두 번째 예시화면은 스타벅스 경영정보 솔루션의 '지역행사 분포도'다(〔도표22〕 참조). 미국 전역을 대상으로 주요 행사와 성격, 참석자 규모를 별도로 관리하는 것이다. 이런 시도 또한 단독 매장도 얼마든지 해볼 수 있다. 외식경영 전문지 〈월간식당〉도 매장 마케팅을 위해 연간계획을 세우라고 적극적으로 권장한다.

하나씩 꼽아보자. 1~3월에는 밸런타인데이, 화이트데이, 졸업과 입학식이 있다. 그러니 인근 학교와 학원의 일정 및 관련 행사를 파악해두면 좋다. 4~6월에는 어린이날, 어버이날, 스승의날, 성년의날이 있다. 7~9월에는 여름방학을 맞아 인근 영화관이나 공연장과 연계한 프로모션이 진행되며 휴가철과 피서철에 맞는 이벤트가 활발하다. 10~12월은 추석 전후의 비수기를 대비하고 크리스마스와 연말행사에 대응해야 한다. 이런 연간일정에 따라 주변에 어떤 행사가 열리는지 눈여겨 살펴보자. 길거리 현수막이나 포스터를 챙기고 시청, 구청, 군청 홈페이지에서 행사일정을 확인해서 사업에 연결할 가능성을 살펴야 한다.

스타벅스처럼 거대한 자본을 갖추지 않고도 그들처럼 분석하는 방법은 얼마든지 있다. 2장에서 소개한 다양한 공공 데이터가 있으니 말이다. 그러니 스타벅스가 벌이는 사업의 규모보다는 그들이 매장을 낼 때 정말 중요하게 생각하는 것이 무엇인지, 의사결정의 우선순위가 무엇인지를 되새기고, 우리 매장에 어떻게 적용할 수 있을지 고민해보자.

함께 보면 좋은 자료

- **《스타벅스, 커피 한잔에 담긴 성공신화》**(하워드 슐츠, 김영사, 2005 개정판) : 4개 매장에서 시작해 글로벌 브랜드가 되기까지를 다룬 스타벅스 성장 이야기
- **《온워드 Onward》**(하워드 슐츠·조앤 고든, 8.0, 2011) : '스타벅스 CEO 하워드 슐츠의 혁신과 도전'이라는 부제목이 말하듯 창업 취지와 달리 무리한 외형성장만 추구하다 위기에 빠진 스타벅스를 회생시킨 여정을 담은 이야기
- **유튜브 'Starbucks GIS 960'** : 스타벅스 상권분석 솔루션을 소개한 동영상

사업의 명운을 걸고 직접 탐색하라 : 알레그리아의 DIY 상권분석기

스타벅스 사례에서 알 수 있듯이 상권분석에 빅데이터가 도입된 것은 어제오늘 일이 아니다. 그럼에도 여전히 남의 나라 이야기처럼 들린다는 분들이 있다. 이런 현실에서 빅데이터 분석결과가 소상공인의 생활에 직접적인 도움을 줄 수 있을까?

경기도의 데이터 기반 상권분석 사업은 이런 고민의 산물이다. 경기도청은 신한카드 빅데이터센터와 공동으로 경기도 전역의 상권특성을 분석했다. 분석 업종으로는 커피전문점을 선택했다. 커피전문점이 선택된 이유는 명확하다. 가장 많이 창업하는 대표 업종이 음식, 소매, 서비스업이다. 전체 개인 창업의 75%가 이 3가지 업종에 몰린다. 그중에서도 커피전문점은 예비창업자들이 가장 많이 고려하는 아이템이기도 하고, 판매하는 품목이 한식이나 분식점 등 다른 요식업에 비해 단순하기에 비교분석이 용이하다.

문제는 종목선정 이후였다. 분석이 결코 간단하지 않았다. 분석 당시 경기도에만 1만 4000여 개의 커피전문점이 영업 중이었다. 그런데 개인정보 보호를 위해 개별 커피전문점의 매출액을 공개할 수 없었다. 커피점에서 카드로 결제한 개인정보도 사용할 수 없었다. 심지어 분석기간은 3개월로 상당히 촉박했다. 실제 수익을 분석하려면 커피점마다 권리금, 임대료, 관리비, 인건비, 원재료비 등 모든 비용과 수입을 알아야 하지만 3개월 안에 1만 개가 넘는 커피점을 일일이 조사해서 분석하기란 사실상 불가능했다. 이런 조건에서 의미 있는 상권분석을 하려면 어떤 데이터에 방점을 찍어야 할까? 고민 끝에 '강소점포'를 연구하는 데 초점을 맞췄다. 말 그대로 작지만 강한 점포들은 경기가 어렵고 경쟁도 치열한 와중에 어떤 비결로 좋은 매출을 올리는지 밝혀보기로 했다. 매출액 기준 최상위 800개를 추리고, 여기에 수익성을 가늠할 수 있는 항목을 추가했다.

도시블록은 대개 4차선 이상 도로로 나뉜다. 블록은 도로와 자연지형으로 형성되는데, 사람들은 가능하면 자신이 생활하는 블록 안에서 소비활동을 하려 한다. 비가 오거나 폭염이 쏟아지는 도시의 거리를 떠올려보자. 굳이 횡단보도를 건너가려 하겠는가? 웬만큼 매력적인 가게가 아니라면 블록을 넘나들며 매장을 선택

〈도표23 : 경기도 성남시 판교지역 커피전문점 빅데이터 분석사례〉

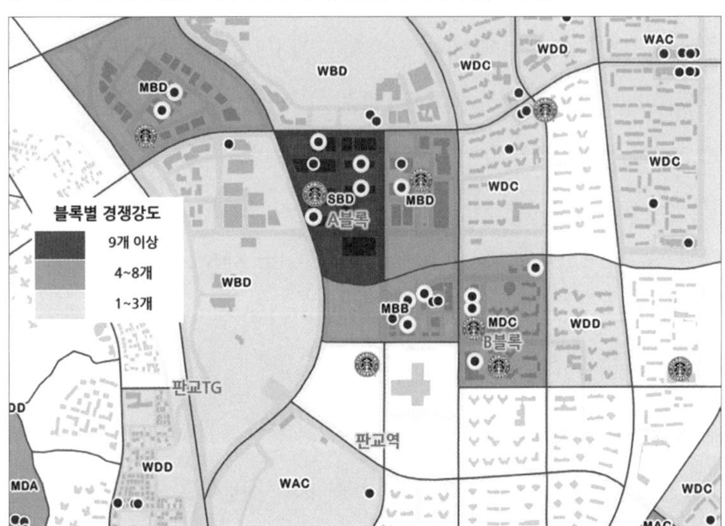

할 가능성은 높지 않다. 그래서 블록단위로 상권특성을 분석했다. 경기도 전체를 6227개 블록으로 나누고, 신용카드 결제 데이터를 분석해 블록마다 경쟁구도, 핵심고객, 활성화 시간대를 표시해서 구분했다. 한 개 이상 커피점이 영업 중인 블록은 모두 4697개로, 전체 블록의 75%를 차지했다. 같은 블록 안에 커피전문점 몇 개가 영업 중인지에 따라 경쟁강도를 강(S), 중(M), 약(W)으로 표시했다.

경기도에 커피점이 1만 4000개가 있다면 많은 걸까, 적당한 걸까? 당시 경기도에 거주하는 인구를 기준으로 계산했더니 주거인구 870명당 커피점 하나씩이었다. 만약 경기도의 커피전문점 전체가 월매출 1000만 원을 기대한다면 얼마나 많은 커피를 판매해야 할까? 커피 한 잔에 4000원이라 가정하면 매달 2500잔을 팔아야 한다. 하루 평균 83잔이다. 경기도의 연령대별 인구구성비를 찾아봤다. 1~19세까지 연령대가 전체 인구의 20%였고, 65세 이상 연령대가 11%를 차지했다. 커피점의 적극적인 소비층을 20~65세로 한정하면 커피점 한 개당 평균 주거인구 870명 중에서 성인층 잠재고객은 약 600명이며, 이 중 15%에 해당하는 83명이 하루도 거르지 않고 가까운 커피점에 가서 커피를 마셔야 월매출 1000만 원이 가능하다. 결코 만만한 경쟁이 아니다.

빅데이터 분석팀이 판교의 '알레그리아' 커피점을 주목한 이유는 이 엄청난 경쟁을 이기고 최상위권 매출을 기록하고 있다는 점에서였다. 과포화된 경기도에서도 가장 경쟁강도가 높은 지역, 14개 커피숍이 입점한 건물에서 거둔 성과였기에 더욱 눈에 띄었다. 게다가 바로 옆 가게는 스타벅스였다. 너무 궁금해서 분석팀원들과 함께 매장을 직접 방문했다.

매장은 예상보다 훨씬 작았다. 4인용 테이블 3개, 6인용 테이블 하나, 출입구에 3명이 따로 앉을 수 있는 1인석 좁다란 테이블이 전부다. 모든 의자에 고객이 앉는다 해도 고작 21명이다. 바로 옆 스타벅스 매장의 4분의 1 크기에 불과하다. 그런데도 현장에서 세어본 고객수는 스타벅스와 비슷했다. 주중 서로 다른 시간대에 대

여섯 번 더 방문했을 때도 마찬가지였다.

알레그리아 커피점 인근에는 NHN NEXT, 카카오, 엔씨소프트 R&D센터, 안랩, 미래에셋 벤처타워, SK케미칼 EcoLab, 한글과컴퓨터 같은 IT기업이나 벤처기업이 많았다. 공원을 끼고 풍부한 유동객이 동서남북으로 오가는 길목에 위치했다.

이러한 특성은 알레그리아 커피점이 위치한 블록의 분류기호에도 그대로 드러난다. [도표23]을 보면 알레그리아가 위치한 A 블록에는 'SBD'라는 영어약자가 붙었다. 'S'는 9개 이상의 커피전문점이 강도 높은 경쟁을 벌이고 있다는 뜻이다. 해당 블록에는 커피전문점이 30개나 있었다. 'B'는 이 블록의 핵심고객이 20~30대 남성이라는 의미다. 'D'는 해당 블록에서 카드결제가 가장 활성화되는 시간대가 주중~주말 늦은 저녁시간대라는 점을 알려준다. IT기업 임직원의 라이프스타일이 반영된 소비특성이다. 분석 당시만 해도 IT기업들은 신제품 출시에 맞춰 심야, 주말, 밤샘 근무를 밥 먹듯 하곤 했다.

이런 특성은 판교지역의 다른 블록과 비교하면 더 두드러진다. 판교역에서 가까운 B블록에는 'MDC'라는 기호가 찍혀 있다. 이 블록의 커피전문점 경쟁강도는 A블록보다는 낮다. 주이용 고객은 40~50대 남성이며 주중과 주말 점심부터 저녁 9시까지 활성화되고 심야에는 기세가 수그러든다. 도로 하나만 건너도 전혀 다른 경쟁구도, 핵심고객, 소비특성이 펼쳐지는 것이다.

〈도표24 : 경기도 블록별 커피소비 유형분류〉

구분	코드	기준	블록수	소계
경쟁강도	W	1~3개	2,065	4,697
	M	4~8개	777	
	S	9개 이상	1,855	
핵심고객	A	3040 남녀	1,068	3,027
	B	2030 남성	1,013	
	C	20대 남성	315	
	D	4050 남성	631	
활성화 시간대	A	주중 늦은저녁 및 심야(21시~06시)	667	3,027
	B	주중 저녁~늦은저녁(17~24시)	1,249	
	C	주중/주말 점심~저녁(11시~21시)	91	
	D	주중/주말 저녁~늦은저녁(17~24시)	1,020	

(출처 : 신한카드 · GIS유나이티드)

알레그리아 창업자 유기용 대표가 인터넷 블로그에 올린 '정글에서 살아남기' 연재칼럼을 모두 찾아서 읽었다. 그리고 이메일로 서면 인터뷰를 요청했다. 답장이 너무 빨리 와서 놀랐다. 경영지에 기고한 내 글을 읽었고, 감사한 마음이 있었다고 했다. 서면 인터뷰가 대면 인터뷰로 전환되었다.

그사이 알레그리아는 판교에 2호 직영점을 개설했다. 그의 상권 분석 방식이 궁금했다. "첫 번째 매장은 서울 서초구에 냈습니다.

회사 본사로 쓸까 제조공방으로 할까 아니면 매장을 낼까 애매한 상태로 계약했어요." 실패는 아니지만 값비싼 수업료를 치렀다고 했다.

"어떻게 판교에 매장을 낼 생각을 하셨나요?"

"판교에 신도시가 들어서기 전부터 출퇴근하면서 지켜봤고, 주말이면 가족과 찾아와 상권을 살펴보곤 했습니다. 꼭 여기에 가게를 해야겠다는 것보다는, 그냥 제가 사는 곳과 가깝고 궁금해서 자주 들여다봤습니다."

매장을 낼 때 스타벅스가 바로 옆에 있다는 것을 알고 있었는지 물었다. "알고 계약했습니다. 같이 공사에 들어갔습니다." 스타벅스와의 대결을 피하고 싶지 않았다고 했다. 스타벅스와 공생하거나 능가할 수만 있다면 커피로는 무엇이든 해볼 수 있으리라 생각했다고 한다. '꼭 그렇게 만들겠다'는 의지를 품었다고도 덧붙였다.

하지만 왜 굳이 그 건물에 그 위치여야 했을까? 그는 충분히 관찰한 결과라고 말했다. "시장상황과 트렌드를 관찰하고 상권과 점포의 입지를 관찰합니다. 사람들의 동선과 경쟁상대를 관찰합니다. 사람들의 소비패턴을 관찰하고 무엇을 먹고 즐기는지, 어떻게 즐기는지, 무엇 때문에 그곳을 찾는지를 관찰합니다."

처음부터 후보 입지 앞에서 관찰한 것은 아니었다고 한다. "부동산 중개업소에도 의뢰했지만 그들은 당사자인 저보다 간절하지 않아서인지 보여주는 물건들이 마음에 들지 않았습니다."

막연한 관찰이 아니라 사업의 명운을 건 진지한 탐색이 필요하다는 말이다.

부동산 중개업소가 소개한 매장은 어떻게 탐색했을까? "소개해준 점포가 정말 유동인구가 많은지, 구매력 있는 잠재고객이 존재하는지, 동선은 어떻게 되는지 요일과 시간을 달리해 방문해서 관찰하고 계산해보면 그 사람 말이 사실인지 아닌지 바로 나옵니다."

맥도날드의 출점전략을 진두지휘했던 루이지 살바네스키가 첫 번째로 강조했던 원칙이다. 상권분석을 남에게 위임하지 말고 본인이 직접 하라는 조언을 그대로 실천한 것이다. "점포를 직접 방문해서 사람들의 반응을 관찰하고 대략의 매출을 계산해보면 답이 나옵니다. 근처 부동산에 들러 임대료를 확인하고, 하루 종일 그 가게 앞에 앉아서 방문객수도 직접 헤아려봐야 터를 잡을 수 있습니다."

유기용 대표가 운영하는 매장은 모두 스스로 찾아낸 입지다. "후보지를 정하고 매일 발품을 팔았어요. 햄버거를 싸들고 점포 앞 벤치에서 진을 치고 하루 종일 앉아 있기도 했습니다. 힘도 들었지만 투자금을 생각하면 그 정도 관찰은 당연한 거라고 생각했습니다."21

스타벅스 바로 옆에서, 10여 개의 경쟁 커피점이 있는 가운데

〈도표25 : 알레그리아 판교점〉

(출처 : 알레그리아 공식 페이스북)

성공적으로 매장을 운영하는 요인을 물었다. "절대 하지 말아야 할 것은 역시 '품질 타협' 입니다. 요즘은 정보의 확산 속도도 빨라서 한 번 실수하면 더 이상 일어서지 못할 정도의 타격이 생깁니다. 반대로 소비자를 제대로 만족만 시킨다면 마케팅은 저절로 되는 시대입니다."

그는 인터뷰 도중에도 여러 번 '본질'을 힘주어 말했고 본인이 쓴 칼럼에서도 '본질'을 여러 번 언급했다.

"인테리어, 마케팅, 패션에 신경 쓰다가 본질적인 음식의 품질이 떨어진다면 실패할 수밖에 없습니다. 좋은 결과를 얻기 위해서는 좋은 재료와 도구에 대한 이해와 배경지식, 그것을 다루는 기술 등에 시간과 노력, 비용을 반드시 투자해야 합니다. 이 부분에서는 결코 타협하면 안 됩니다."

그는 커피점은 한가한 취미생활이나 사장의 자아실현 공간이 아니라고 단호하게 말한다. "카페는 고객을 위한 공간이므로 보다 많은 사람이 찾아올 수 있도록 해야 합니다. 이를 통해 매출을 만들고 수익을 발생시켜 카페와 구성원이 생활을 이어갈 수 있도록 해야 그 공간이 유지됩니다. 그러려면 고객이 원하는 것이 무엇인지 끊임없이 고민해야겠죠."22

함께 보면 좋은 자료

- www.bwissue.com / blog.naver.com/esfreak : 검색사이트에서 '정글에서 살아남기 유기용'을 입력하면 '블랙워터' 관련 홈페이지 또는 블로그에 알레그리아의 창업준비부터 정착단계까지의 경험이 생생하게 소개된다.
- 〈DBR〉, **"어디를 봐도 커피숍은 극한 레드오션 '맛'을 팔았더니 블루오션이 생겼다"**(2016.06, pp. 108~117) : 경기도 전체 커피시장의 특징과 작지만 뛰어난 매출 실적을 올리고 있는 커피점에 대해 분석했다.

손님의 마음을 얻어 상권을 넓혀간다 : 우노 다카시의 B급상권 성공기

방송인 이봉원에게 한 케이블TV에서 일본 촬영을 제안했다. 방송가에서 사업실패로 유명한 그가 '장사의 신'을 만나서 경영 노하우를 배운다는 설정이었다. 그동안 이봉원이 실패한 사업은 다양했다. 단란주점, 커피숍, 만두점, 연기학원, 엔터테인먼트 기획사, 불고기집, 삼계탕집에 도전했지만 결과는 참담했다. 아내 몰래 빌린 사채가 점점 불어나 한때 매달 1000만 원을 빚 갚는 데 써야 했다고 했다.

그런 이봉원에게 경영비법을 전수해줄 사람은 일본의 우노 다카시 사장이었다. 우노 다카시는 40년 동안 일본 도쿄에 서로 다른 컨셉의 이자카야 20여 개를 경영하며 연수익 200억 원을 올리고 있는 '장사의 신'이다. 그의 가게에서 일하다 독립한 사장만 100명이 넘는다고 했다.[23] 그가 창업한 1978년 이래 최근까지 일본에도 수많은 경기변동과 유행이 오고 갔다. '잃어버린 20년'이라 불리는 극심한 일본의 장기침체도 겪었다. 그는 어떻게 40년 넘게 변화의 파고를 헤쳐왔을까? 방송국 카메라는 이봉원과 함께 일본 도쿄의 이자카야 현장을 다큐멘터리 영상에 담았다.

JTBC 〈다큐쇼〉는 이 내용을 50분 분량으로 두 차례 방영했다. 이미 그 전에 우노 다카시의 장사 노하우에 관한 책이 두 권 번역 출간되기도 했다. '장사의 신'은 상권분석에도 특별한 노하우를 가지고 있을까? 책과 방송을 꼼꼼히 살펴도 그런 것은 발견할 수 없었다. 방송에서는 그가 운영하는 5개의 이자카야를 소개했는데 공통점은 모두 한적한 변두리, 건물 지하, 대로에서 보이지 않는 빌딩 후면에 위치한 가게라는 것이었다. 하나같이 접근성이나 시인성이 좋지 않았다.

말하자면 이것이 우노 다카시의 출점원칙이다. '실력'이 '유동인구'보다 더 중요하다는 것. 그는 고정비용이 너무 많이 들어가는 유명상권의 유명빌딩을 피하고 가게의 매력으로 꾸준히 고객을 창출하라고 말한다. 실제로 그의 첫 가게는 도쿄 교외의 한적한 주택가에 자리잡은 5평짜리 매장이었다. 순전히 보증금이 싸서 선택한 입지였다. 평범하게 가게를 운영해서는 망할 것이 뻔한 그곳, 우노 다카시는 막차시간까지 영업하며 밤 늦게 퇴근하는 여성 직장인을 상대로 특별 세트메뉴를 개발해 성공시켰다.

첫 가게에서 돈을 번 다음에도 그는 이른바 A급상권을 찾지 않았다. 인적이 드문 가게를 얻어 '한 번 온 손님은 반드시 다시 오게 만든다'는 정신으로 고객의 이름을 외우고, 대표 메뉴를 시식용 서비스로 내기도 했다. 자기 가게만의 매력을 만들어 멀리서도 손님들이 찾아오게 하는 전략을 계속 실천했다.

이런 우노 다카시에게서 기대할 수 있는 최고의 교훈은 안 좋은 입지에서도 가게가 번창할 수 있는 노하우를 배우는 것이다. 우노 다카시가 이봉원에게 처음 가르친 것 또한 입지분석이 아니라 인사법이었다. "반드시 손님과 눈을 마주친 상태에서 인사해야 한다. 절대 탁자를 치우거나 설거지하면서 허공에 대고 인사하면 안 된다"고 엄하게 충고한다. 매일 장사를 시작하기 전 직원회의를 열어 새로운 안주와 메뉴를 토론한다. 점장은 매일 새 메뉴판을 손으로 쓴다. 손님 입장에서는 매일 새로운 메뉴를 맛볼 수 있다는 기대감을 갖게 된다. 손님의 외투를 모두 기억하고 메모했다가 나갈 때 정확히 챙긴다. 손님이 계산하고 돌아갈 때에도 반드시 출입문 바깥까지 나가서 정중하고 밝은 모습으로 눈을 바라보며 감사인사를 전한다.

우노 다카시는 대학을 중퇴하고 카페회사에 들어가 사업을 배워 이자카야를 창업했다. 그는 매일 상상력을 발휘하기 위해 노력한다고 말했다. '오늘은 어떤 걸로 손님을 즐겁게 해줄까?' 이런 노력이 오래 쌓여 점점 차이를 만들어냈다.

우노 다카시의 여러 매장 중에는 남녀가 같은 화장실을 사용하는 가게도 더러 있다. 여성고객은 남성이 먼저 사용한 화장실을 곧바로 사용할 때 마음이 불편하다. 그래서 직원들은 화장실에 갈 때 입구에 '1분 청소 중'이란 팻말을 걸어놓는다. 직원들이 화장실을 사용한 후에는 다시 꼼꼼히 청결을 체크하고 방향제를 뿌리고 나온다. 작은 배려지만 여성고객들은 물론 남성고객들도 좋아한다.

젊은 여성고객을 의식한다고 최신 유행만 좇으라는 말은 아니다. 유행은 갑자기 왔다가 빠르게 사라지니 주의해야 한다. 그보다는 오히려 질리지 않는 평범한 가게를 만들어 손님을 편안하게 만드는 것이 중요하다고 말한다. "시대를 불문하고 살아남는 강한 가게는 실질적인 의미에서 손님들에게 이득을 주는 가게다." 입지보다 더 중요한 것은 고객의 기억 속에 자신의 가게를 새겨 넣는 일이다.

결국 우노 다카시의 장사 노하우는 최적입지를 얻는 것이 아니라 손님의 마음을 얻는 것이다. 손님의 마음을 얻어 스스로 상권을 넓혀가는 것이다. 상권을 분석하는 것이 아니라 상권을 창조하는 것이다.

우노 다카시의 상권창조는 자기 가게의 매력을 높이는 일부터 시작된다. 가게 앞을 청소할 때 좌우로 6m씩 다른 가게 앞까지 쓸어주고 닦아준다. 그래야 가까운 이웃의 마음부터 한 명 한 명 얻을 수 있기 때문이다.

우노 다카시의 책을 읽고 방송을 본다고 정말 가게경영에 도움이 될까? 서울 이태원에서 레스토랑을 운영하는 이재훈 셰프는 창업 후 1년 동안 수익이 나지 않아 너무 답답했다고 했다. 그때 우노 다카시의 장사철학을 접하고 "내가 놓치고 있는 게 많다는 걸 깨달았다"고 했다. 가게 앞을 쓸 때 옆 가게 앞도 쓰는 등의 소소한 것들 말이다. 좋은 인상을 주는 집, 그래서 누구나 한 번 가면 다시 찾고 싶은 집을 만들라는 얘기다. "그때부터 옆 가게 앞까지 청소하고 파스타를 만들면 이웃 빵집에 갖다줬다. 직원 식사용으로 만든 카레도 넉넉하면 옆집에 줬다." 그는 요즘에도 매일 옆 가게 앞까지 담배꽁초와 쓰레기를 청소하고 있다고 인터뷰에서 밝혔다.

우노 다카시에게 그가 배운 것은 또 있다. "고객을 위한 서비스도 배웠다. 비가 오는 날 손님이 오면 빗물을 닦을 수 있도록 수건을 먼저 건넨다. 식당에 들어왔을 때 기분이 좋으면 식당에 대한 기억이 좋게 남을 수밖에 없다. 1년이 지나자 거짓말처럼 단골이 생겼다. 1주일에 3~4번씩 오는 사람이 늘면서 2년째부터 수익이 났다. 돌이켜보니 상권 자체는 중요하지 않다. 진정성을 갖고 일하면 손님은 온다. 주차가 어렵고 골목골목 찾아오기 힘들지만 그래도 찾아온다."[24]

누군가는 우노 다카시의 접객 매뉴얼이 정말 효과가 있을지 의구심을 가질지도 모른다. 그러나 누군가는 의구심을 갖는 대신 실행을 해본다. 자신에게도 효과적일지 검증하는 길은 직접 해보는 것 외에는 없다.

함께 보면 좋은 자료

- **《장사의 신》(우노 다카시, 쌤앤파커스, 2012) :** "시장에서 생선을 보면 반드시 떠오르는 손님이 있어." 진짜 음식장사는 식재료를 쳐다보면 떠오르는 손님이 있어야 한다고 강조한다.
- **《장사의 신 – 실천편》(우노 다카시, 쌤앤파커스, 2014) :** 서비스는 테크닉이 아니라 '사람의 체온'을 손님의 기억 속에 남기는 것이라고 말한다.
- **JTBC 〈다큐쇼〉 8~9회(2014.03.22 / 2014.03.29) :** '장사의 졸' 이봉원이 '장사의 신' 우노 다카시에게 징사의 한 수를 배우는 과정을 그렸다.
- **〈중앙일보〉, "외식업을 움직이는 사람들 ② '서촌 황태자' 이재훈 셰프"(2017.02.22) :** 《장사의 신》을 읽고 조언대로 실행해 1년 만에 적자에서 흑자로 전환된 사례가 소개된다.

상권은 중력이다 : 수원시 부부식당 창업기

다시 배민아카데미의 요청으로 상권분석 강의를 진행했다.

"논두렁 한복판에 식당을 열어 연매출 43억을 올릴 수 있을까요?" 참석자들에게 질문을 던졌다. 준비한 지도를 화면에 띄웠다([도표26] 참조). 경기도 수원시 권선구 입북동에는 논 한가운데 식당이 있다. 아내의 낙지집과 남편의 장어집이 서로 마주보고 있다. 케이블TV 〈서민갑부〉 촬영팀이 하루 매출액을 확인해 연매출로 환산해보니 43억 원이었다.[25]

GIS 데이터로 식당 반경 1km 배후지역의 주거인구와 직장인구를 확인해보았다. 대부분 농경지와 고속도로 그리고 작은 공장으로 구성된 외곽상권이었다. 주거인구는 4354명, 직장인은 1389명

〈도표26 : 채널A 〈서민갑부〉에 소개된 부부식당 배후상권〉 (출처 : 카카오지도)

으로 확인되었다. 이와 비교하기 위해 가까운 아파트 밀집지역으로 1km 분석반경을 옮기자 배후 주거인구는 8만 1238명, 직장인 수는 1만 2270명이 나왔다. 주거인구와 직장인을 합해 단순 비교하자면 배후인구는 25배 차이가 났다.

상권분석의 진정한 목표는 매장 안의 경쟁력으로 매장 밖의 고객을 끌어오는 것이다. 매장의 중력으로 고객을 당겨오는 것이다. 매장의 '중력'은 '매력'과 '차별화'의 다른 표현이다. 중력이 강할수록 더 먼 곳의 고객을 견인할 수 있다. 수원시 입북동의 부부식당은 이 중력을 강하게 만들 수 있는 노하우를 쌓아왔다. 여기서는 5가지 특성으로 살펴보자.

첫째, 창업 초기에 확고한 인지도를 확보하기 위해 여유자금을 미리 준비했다. 도심의 목 좋은 곳에서 장사하려면 초기비용이 너무 많이 필요했다. 그래서 농경지 한복판에서 장사를 시작했다. 당연히(?) 초반에는 고전을 면치 못했다고 한다. 입지 열세를 극복하기 위해 꺼내든 카드는 '반값 할인'이었다.

"남들은 식당 차려놓고 '1년이고 2년이고 때를 기다려야 한다'는 얘기를 많이 하는데요. 저는 무조건 초기에 승부를 지어야 한다고 생각합니다. 왜요? 매일 신선한 식재료를 사용해야 하는데 장사가 안 되면 식재료 재고가 계속 뒤로 넘어가서 좋은 음식을 드릴 수가 없어요."

가까운 주택가와 상가에 전단지를 붙이고 쿠폰을 나눠줬다. 6개월 반값 할인을 감당할 수 있는 자금을 미리 준비해놓았기에 가능했다. 다행히 가게의 인지도를 얻는 데 1차 성공했다. 그러고는 단골을 확보하는 2단계로 돌입해 전심전력했다.

둘째, 단계별 성장을 추구해 위험을 분산했다. 결혼 당시 남편은 정육점에서 일하며 봉급생활을 하고 아내는 설렁탕집을 운영했다. 종잣돈을 모아서 남편이 정육점을 차리고, 정육점이 정상궤도에 오르자 그 가게를 아내에게 맡겼다. 장사 잘되는 설렁탕집은 좋은 가격에 빨리 처분할 수 있었다. 그 종잣돈으로 남편은 고기 도매업에 뛰어들었다. 안정궤도에 오른 정육점은 도매업과 연결되면서 장사가 더 잘되었을 것이다. 도매업이 자리를 잡자 아내는 보리밥·낙지집을 열었다. 아내의 식당에 단골이 확보되자 이번에는 맞은편 빈 땅에 장어집을 열었다. 여러 차례 창업을 거듭하며 한 계단 한 계단 올라가는 방식으로 사업을 추진한 것이다.

셋째, 일관된 맛과 서비스를 유지하는 데 힘썼다. 부부는 첫 번째 음식장사 아이템이었던 설렁탕부터 꾸준히 조리법을 기록해왔다. 한번 메뉴가 확정되면 식재료와 양념비율을 수정 없이 유지하여 단골들의 입맛에 부응하기 위해 노력했다. 이들 부부가 시간을 가장 많이 보내는 곳은 계산대가 아니라 음식 만드는 주방과 반찬대 앞이다. "돈이야 누가 받아도 상관없지만, 손님상에 음식이 제대로 나가는 것이 가장 중요하기 때문"이다.

넷째, 경비절감을 위해 세밀한 노력을 쏟아왔다. 식재료값과 배달료를 아끼기 위해 농수산물시장에 가서 직접 장을 봤다. 인건비를 줄이는 노력도 물론 했다. 점심시간 전좌석이 가득차면 240인석인데 주방 식기도 240인분이다. 그러니 점심시간에 바쁠 때는 설거지거리를 한쪽에 미뤄뒀다가 점심장사가 끝난 후 한가한 시간에 몰아서 처리하면 된다. 이런 방법으로 한 명분의 설거지담당 인건비를 아꼈다. 마찬가지 관점으로 주요 요리재료를 쉬는 시간에 모두 준비해두어 손님이 몰릴 때 신속하게 음식을 서비스했다.

다섯째, 고객이 만족했는지 확인했다. 손님이 잔뜩 남기고 간 음식을 부부가 직접 맛보고 확인하는 장면은 인상적이었다. 부부는 맹물로 입을 헹구고 남은 음식을 맛보며 요리가 제대로 나갔는지 확인하는 절차를 거쳤다. "저희 레시피대로 제대로 만든 음식인데 여자 손님들에게는 매웠나 봐요." 만약 요리가 잘못된 경우라면 조리담당에게 알리고 다시는 그런 일이 생기지 않도록 교육한다고 했다. "재발방지를 위해 검수는 필수"라고 힘주어 말했다.

부부식당의 사례는 상권분석의 근본을 되묻게 만든다. 상권인가, 경영역량인가? 두 가지 중에서 무엇이 본질인가?

부부의 이야기는 젊은 시절 붕어빵 장사부터 시작해 작은 설렁탕집을 거쳐 30년 동안 일궈온 눈물겨운 성공사례다. 동시에 상권분석의 가장 이상적인 목표에 도달한 사례다. 수원시 외곽 농경지

한복판은 누가 봐도 상권조차 형성되지 않은 변두리가 분명했다. 상권의 배후인구나 유동인구의 도움을 전혀 받지 않고, 순수하게 매장의 매력과 경영능력만으로 고객을 창출해낸 경우다. 이처럼 매장에 고객을 끌어당기는 중력이 먼저 형성되어야 한다. 그 중력이 약하면 가게 앞을 지나가는 유동객이 아무리 많아도 결코 매장 안으로 고객을 끌어들여 단골로 만들 수 없다.

물론 이 말이 경영능력만 있으면 무인도에 식당을 차려도 성공할 수 있다는 가정은 아니다. 부부식당의 경우는 1km 반경 밖에 풍부한 주거민과 직장인이 형성되었기 때문에 가능한 성공이었다. 모든 경우에 획일적으로 적용할 수는 없지만 자신만의 방식으로 자신만의 상권을 자신의 힘으로 만들어낸 경우라는 사실만은 분명하다. 이 부부는 다른 상권에서도 충분히 성공할 수 있었을 것이다. 왜냐하면 그들이 가진 사업의 근본토대가 견실하기 때문이다. 그 토대란 바로 고객만족이다.

"요즘에는 10년 단골도 오늘 맛있지 않고 오늘 만족하지 않으면 내일 다시 오지 않아요. 맛없고 질이 떨어지는데 그걸 두 번 세 번 먹을 사람이 어디 있어요? 재방문은 절대로 없어요. 가격 대비 만족이 되어야 재방문이 이루어지는 거죠. 어떤 경우라도 재방문을 하게끔 노력해야 해요."

고객을 중심으로 고객만족을 추구하는 것이 상권의 잠재력보다 더 중요하다. 그런 이유로 과도한 권리금과 임대료가 필요한 번화

상권 대신 작게 시작해 단계별로 성장하기를 추천하고 싶다.

세계적인 투자전문가 워런 버핏이 소상공인을 위해 경영특강을 진행한 적이 있다.[26] 거대 투자기업을 운영하는 경영자가 작은 가게 사장들에게 무슨 이야기를 할지 궁금했다. 워런 버핏은 몇 년 전에 자신이 자동차를 새로 산 경험을 이야기했다. "제가 당시 돈을 얼마 냈는지는 정확하게 기억나지 않습니다. 하지만 다음에 다시 차를 산다면 그 영업사원에게 전화할지 말지는 바로 알 수 있습니다." 사업에 가장 중요한 순간은 매장을 나갈 때이며, 고객의 마음에 무엇이 남게 되는지 생각해보라는 제안이었다.

부부식당 사장님도 같은 이야기를 했다. "손님처럼 정확한 게 없어요. 손님들은 바로 알아버려요. 우리가 가식으로 대하는지 진심으로 대하는지. '몸으로 말을 한다', '얼굴과 표정만 봐도 읽을 수 있다', '눈이 말한다' 이런 표현이 있잖아요? '말하지 않아도 안다'는 것. 손님들은 정말 귀신같이 알아요. '고객이 왕'이라는 표현이 괜히 있는 게 아니에요. '고객은 우리 위에 계신다' 이렇게 생각하면 정답이에요."

워런 버핏이 가장 강조한 내용이 있다. "여러분, 내일 아침 출근 준비하면서 거울 앞에 서면 거울에다 립스틱이건 뭐건 이렇게 한번 써보세요. '고객을 기쁘게 하라.' 고객만족에 안주하면 안 됩니다. 고객을 기쁘게 해야 합니다. 여러분이 고객을 기쁘게 하면, 그들은 월급을 주지 않아도 여러분의 영업사원이 되어 다른 사람에게 홍보해줄 것입니다. 고객이 여러분의 사업장을 떠나면서 '최고의 경험이었어'라고 느끼게 한다면, 여러분의 사업은 승승장구할 겁니다."

매장의 매력이 상권의 특징보다 더 중요하다. 고객을 기쁘게 만들 수 있는 실력을 확보하는 것이 첫 번째다. 적절한 상권과 입지를 찾는 것은 그다음이다.

21년 vs. 10개월 : 〈서민갑부〉 상권의 공통점

상권분석 강의에서 수원시 부부식당을 소개했더니 수강생 중 한 명이 문제제기를 했다.

"너무 극단적인 사례 하나를 가지고 모든 식당이 그렇게 할 수 있는 것처럼 지나치게 일반화하는 것 아닙니까? 이 자리에 참석한 사람들은 대부분 도심상권에서 장사하는 사람들일 겁니다. 너무 현실과 동떨어진 사례 아닌가요?"

그날 수업을 들은 사람이라면 충분히 공감할 수 있는 질문이었다. 그래서 약속했다. "다음에 다시 이 자리에서 강의할 때 더 많은 사례를 찾아서 객관적인 분석을 소개하겠습니다."

어떤 음식점이 장사가 잘되는지 아닌지를 어떻게 파악할 수 있을까? 매출액 공개는 법적으로도 민감한 사안이다. 매출액을 공개하려 해도 상호와 위치를 밝히기 어려운 경우도 많다. 그래서 자발적으로 상호·입지·매출액을 공개하고 기본적으로 사실 검증을 끝낸 〈서민갑부〉 프로그램을 주목했다. 2014년 말부터 시작해 2019년 10월까지 총 250회가 방송되었다. 목록을 살펴서 식당만 따로 분류해보니 100곳이었다. 100개 음식점의 방영날짜, 주인공 이름, 상호, 주소, 연매출액, 동종업력을 도표로 작성했다.

〈서민갑부〉에 소개된 음식점들은 부부식당처럼 하나같이 일반 음식점들보다 유동인구나 배후인구가 적고 임대료도 낮은 곳에서 영업하고 있을까? 유동인구 데이터는 통신회사에서 별도의 비용을 지불해야 한다. 전국 데이터를 구매하려면 억 단위의 예산이 필요하다. 전국을 망라하는 임대료 데이터는 따로 없다. 그래서 정부가 공개한 공공 데이터만 가지고 배후상권을 비교분석해보기로 했다.

객관적인 분석을 하려면 〈서민갑부〉 100개 매장과 배후상권을 비교할 수 있는 전국형 브랜드의 매장 정보를 반영해야 한다. 〈서민갑부〉와 비교하기에 적당한 브랜드는 무엇이 있을까? 우선 수강자들이 바로 알 수 있어야 하고, 전국에 두루 매장을 가지고 있어야 하며, 업종의 특성을 잘 드러낼 수 있어야 한다. 소상공인시장진흥공단에서 공개한 전국 상가업소 데이터를 다운받았다. 전국 235만 개 업소의 주소록과 업종분류를 살펴본 후 조건에 해당하는 브랜드로 '김밥천국, 롯데리아, 본죽, 스타벅스, 이디야, 파리바게뜨'를 선택했다. 총 9281개 주소가 확보되었다.

〈서민갑부〉와 비교 브랜드 매장 주소록을 모두 지리정보시스템(GIS)에 입력했다. 그런 다음 모든 매장마다 반경 1km를 똑같이 적용했다. 전국 10만 개 단위 인구·가구·주택·사업체 데이터를 포갠 후에 반경 안에 해당되는 숫자만 따로 추출했다. 임대료는 일일

〈도표27 : 〈서민갑부〉와 비교 브랜드 매장 반경 1km 배후상권 통계분석〉

구분	매장수	주거 인구	세대수	주택 세대수	아파트 세대수	아파트 비율	직장 인수	주야간 상주인구	공시지가 (3.3㎡, 원)
김밥천국	1,455	39,656	16,059	12,112	7,834	65%	17,561	57,218	6,425,136
롯데리아	1,031	36,083	14,613	11,049	7,555	68%	17,148	53,231	6,111,843
본죽	1,273	41,769	16,643	12,911	9,036	70%	19,480	61,248	7,225,696
스타벅스	1,267	44,794	18,474	13,609	9,283	68%	39,620	84,414	12,863,376
이디야	1,791	43,377	17,513	13,327	8,894	67%	21,117	64,494	7,743,719
파리바게뜨	2,464	39,582	15,708	12,218	8,565	70%	16,598	56,180	6,424,229
비교 브랜드 평균	총 9,281 개	40,949	16,495	12,570	8,564	68%	21,220	62,169	7,633,825
서민갑부	100	29,810	12,516	9,308	5,153	55%	15,772	45,583	5,633,634
비교 비율	-	73%	76%	74%	60%	-	74%	73%	74%

이 확인하기 어려우니 전국 50만 표준지 공시지가 데이터를 활용해 최신 부동산 가격대를 비교하기로 했다.

〈서민갑부〉 매장은 6개 브랜드의 배후상권과 비교할 때 주거인구, 세대수, 직장인, 부동산 가격에서 대략 70% 수준인 것으로 분석되었다. 비교 브랜드의 배후인구가 100명이라면 〈서민갑부〉 매장은 70명 정도라는 뜻이다. 〈서민갑부〉 100개 매장은 일상에서 자주 만나는 김밥, 죽, 커피, 제빵, 햄버거 브랜드와 비교할 때 일반적인 배후상권보다 훨씬 인구가 적은 곳에서 상대적으로 저렴한 부동산 비용을 감당하는 것으로 나타났다. 방송을 시청하면서 그럴 것이라는 느낌은 있었지만 데이터로 확인한 셈이다.

가장 큰 격차는 스타벅스와 비교할 때 드러난다. 스타벅스는 커피 프랜차이즈 이디야와 비교할 때 주거인구에서는 큰 차이가 없다. 하지만 직장인과 부동산 가격에서 커다란 격차를 보인다. 스타벅스는 전 세계적으로 최고의 유동인구와 중상층 직장인을 겨냥해 출점한다. 반면 〈서민갑부〉 매장은 6개 브랜드 평균수치와 비교할 때 주거인구는 평균 1만 명 이상, 직장인은 5000명 이상 적은 상권에서 장사하고 있었다.

또 하나 궁금했던 것은 〈서민갑부〉들의 평균연령, 평균매출액, 평균업력이었다. 먼저 출연자를 연령대별로 분류했다. 20대와 90대가 각각 한 명씩이었다. 30대는 10명, 40내 18명, 50대 30명, 60대 31명이고 70대 이상은 10명이었다. 평균 나이를 계산해보니 56

세가 나왔다. 평균 매출액은 11억 2000만 원이었다.

이들이 성공하기까지 그 업종에 얼마나 오랫동안 시간을 쏟았을까? 이번 조사에서 가장 주목한 숫자다. 평균 21.2년이라는 숫자가 나왔다. 2019년에 진행된 〈전국 소상공인 실태조사〉에 응답한 4만여 사업주의 평균 창업 준비기간은 9.5개월이었다. 그런 다음 절반 이상이 1년을 넘기지 못하고 가게를 접는다. 〈서민갑부〉에 소개된 사업주 중에도 4~5년 만에 수억대 매출을 기록한 이들이 있지만 대부분 한평생의 헌신과 노력으로 차근차근 성장해간 경우였다. 잠시의 유행이 아니라 아주 멀리 길게 보고 근본적인 경쟁력을 갖추기 위한 노력을 쏟아온 것이다.

〈서민갑부〉 89회에 출연한 김진혁(출연 당시 37세) 사장은 숙식이 해결되는 중국집 배달원으로 사회경력을 시작했다. 장사 잘하는 중국집 여러 곳을 옮겨 다니면서 몸으로 그들의 노하우를 배워나갔다. 배달을 나가면 어떤 주택유형에서 어떤 시점에 어떤 메뉴를 선택하는지 눈여겨보았고 고객들의 불만이나 요구사항에도 귀를 기울였다. 현재 자신의 중국집을 탄탄하게 운영하고 있는 그의 업력은 17년차였다. 그는 매장의 모든 유리창과 가게 앞을 깨끗하게 물청소하며 하루를 시작한다. 식당에는 긴 머리 고객이 음식을 먹을 때 불편하지 않도록 고무밴드를 넉넉히 준비해놓았다. 뜨거운 국물을 먹을 때 안경에 김이 서리곤 하는데, 이럴 때 쓰라고 안경닦이용 전용수건도 구비해두었다.

이 모든 점을 검토해볼 때 〈서민갑부〉 출연자들의 성공 노하우는 상권이나 브랜드, 자본력에 있는 것이 아님을 알 수 있다. 이들은 예외 없이 고객을 끌어당기는 세심한 노력으로 매장의 영향력을 키워나가고 있었다.

자신만의 사례연구를 시작하자

앞에서 소개한 사례 외에도 주제, 시기, 장소에 따라 더 유용한 사례를 다양하게 찾을 수 있다. 자신의 매장을 더 많은 고객이 방문하고 그들이 원하는 상품과 서비스가 채워지도록 만드는 데 도움이 된다면 모두 사례연구 대상이다. 특히 경영난이나 어려움을 겪고 있다면 다른 우수사례를 분석하는 일이 절실하다. 우노 다카시가 사례연구를 본격적으로 시작한 이유는 자신의 첫 가게가 경영난에 빠졌기 때문이었다. 스타벅스의 아서 루빈펠드가 사례연구에 공을 들인 이유는 아무도 가본 적 없는 길에서 방향을 찾아야 했기 때문이다.

국내에도 사례연구를 통해 매력적인 매장으로 거듭난 경우가 많다. 인천 남구에서 팥빙수 전문점을 운영하는 김귀녀 사장이 그렇다. 그녀의 가게는 SBS 〈생활의 달인〉에 소개된 맛집이다. 오래된 팥빙수 기계에서 서걱거리며 얼음이 부서져 내리면 그 위에 과일조림과 야자수 경단을 올려준다. 팥빙수 맛을 좌우하는 원재료를 일일이 찾아다니며 직접 구매하는 과정에서 하나하나 실력이 쌓였다. "아주 열정이 대단해요. 부산, 대구, 전주에 있는 유명 팥빙수집을 다 가봐요." 남편 이재철 씨가 아내를 칭찬한다.

"전국을 다니는 거예요. 이 집 가보고, 저 집 가보고. 이 집은 이렇고, 저 집은 저렇다는 걸 알게 되고, 많이 가봤습니다. 팥빙수를 제대로 하는 집이 막상 별로 없거든요."

최고수를 찾아간 이야기를 이어갔다. "부산에 가면 할머니 팥빙수가 있어요. 제가 '한 수 가르쳐주이소' 이랬죠. 그랬더니 '그건 니 알아서 해라' 이러시더라고요." 할머니에게 여러 번 간청해서 몇 가지 비법을 배웠다. 김 사장은 그렇게 최고의 팥빙수 가게를 찾아다니며 자신의 가게에 적용할 아이디어를 실험해왔다.[27]

매장을 개선하기 위한 사례연구는 누구나 할 수 있다. 반드시 전국을 돌아다녀야 하는 것도 아니다. 자신이 가장 시간을 많이 보내는 상권부터 시작하면 된다. 현재 장사하고 있거나 거주하는 지역부터 기자처럼 노트와 볼펜을 들고 현장에 나가서 가장 잘하는 가게들을 찾아다녀보라. 고객, 경쟁, 상권, 입지, 제품, 서비스, 접객태도 등을 최대한 세세하게 기록하고 강점을 정리해가며 연구

사례를 늘려보자. 관심업종의 우수매장은 가까운 곳부터 하나씩 찾아가서 분석해보길 권한다. 언론에 소개된 성공사례도 적극 활용한다. 상권분석과 매장경영에 도움 되는 책을 깊이 읽는 것도 추천한다.

스타벅스, 우노 다카시, 알레그리아 모두 완벽하지 않다. 그들이 유일한 성공사례도 아니다. 미래에 그들이 경영난을 겪을 수도 있다. 초심이 변할 수도 있다. 그럼에도 이들을 사례로 소개한 이유는 두 가지다. 우선 독자가 스스로 후속연구를 이어갈 수 있는 참고자료가 있어서다. 스타벅스와 우노 다카시는 관련 책이 출간돼 있다. 두 번째 선정이유는 용기와 격려를 얻을 수 있기 때문이다. 풍족한 창업자금을 들고 실수 한 번 없이 승승장구한 경우가 아니라 어려움에도 굴하지 않고 스스로 상권을 일궈내는 사례들이어서 소개했다.

이 세 매장도 부정적으로 보려면 배울 게 하나도 없다. "그들은 이미 성공한 기업 아닌가? 나는 이제 작은 매장 하나를 운영하고 있는데 격이 맞지 않다"고 외면할 수도 있다. 하지만 그들 모두 외진 상권에서 매장 하나로 시작했음을 기억하자. 스타벅스도 시애틀의 도심 한복판이 아니라 전통시장 한 귀퉁이에서 작게 출발했다. 초창기에는 테이블과 의자도 없이 원두만 판매했다. 우노 다카시도 주택가의 외진 이면도로에서 시작했다. 알레그리아 서초점은 대로변에서 간판이 잘 보이지 않는 이면도로 안쪽에서 시작해 한동안 고전했다.

《허삼관 매혈기》로 유명한 중국의 소설가 위화(余華)가 국내에서 강의를 한 적이 있다. SBS가 방송작가들을 대상으로 '마스터클래스'를 개최했다. 세계적으로 독자를 확보한 거장의 글쓰기 노하우를 배우기 위해서다. 위화는 훌륭한 작가가 되는 방법에 대해 중국의 어느 식당을 사례로 설명했다. 단골식당 사장이 하루는 좋은 책 고르는 법을 물어보았단다. "저는 어떤 책이든 재미있는 부분, 나에게 유용한 내용이 있다면 좋은 책이라고 답했습니다. 그 책의 결함이나 문제점은 개의치 않는다고 했습니다." 남들이 좋은 책이라고 추천하는 것보다 자신에게 실제 도움되는 독서가 최선이라고 답한 것이다.

그러자 식당 사장이 자신도 비슷한 경험이 있다고 맞장구를 쳤다. 그 사장은 함께 일하는 요리사들을 일부러 다른 유명 식당에 보내 음식맛을 보게 하고 자신의 식당과 비교해보라고 했다. 그 결과 다른 식당 요리를 헐뜯기만 하는 요리사는 장래성이 없다는 사실을 발견했다. 좋은 요리사는 다른 식당 요리가 맛이 좋지 않거나 자신의 요리보다 못해도 항상 좋은 점을 찾으려 했다는 것이다. "우리 식당보다 나은 점을 찾는 거죠."

단골식장 사장은 "그런 태도를 지닌 요리사는 발전이 매우 빠르다"고 강조했다고 한다. 결국 그는 다른 식당의 훌륭한 점을 배워서 자신에게 적용한 요리사들만 남겼다.

작가 위화는 사례연구를 할 때 태도가 얼마나 중요한지 알려준다. "현재 그 식당은 큰 성공을 거두었습니다. 사실 모든 분야가 다 같습니다. 타인의 장점에 주목해야 합니다. 단점을 보지 마세요. 아무 도움이 되지 않습니다. 장점을 볼 때 자신의 발전이 빨라집니다."

아울러 기왕에 하는 사례연구, 이들에게서 상권분석 이외의 지혜도 함께 배워갈 것을 권한다. 스타벅스 글로벌 회장을 역임했던 아서 루빈펠드의 《소매업 성공전략》은 상권분석 방법만이 아니라 매장경영의 중요한 원칙도 알려준다. 매장기획의 출발은 일단 고객이 매장 안으로 들어오게 만드는 것이다. 그러려면 매장의 매력을 외부로 뿜어내야 한다.

아서 루빈펠드는 고객이 들어가고 싶고, 사고 싶고, 머물고 싶고, 소개하고 싶은 장소성을 갖추어야 한다고 강조한다. 매장 바깥의 고객이 매장에 매력을 느끼도록 고객의 관점에서 호소력을 갖춰야 한다. 이를테면 매장은 살아 있는 홍보용 포스터다. 애플의 리테일담당 부사장을 역임했던 안젤라 아렌츠(Angela Ahrendts)는 "매장은 더 이상 물건을 파는 판매소가 아니라 삶을 풍성하게 만들고 영감을 얻을 수 있는 장소가 되어야 한다"고 강조한다. 제품을 구매하는 것은 이제 온라인으로도 얼마든지 가능하다. 그런 만큼 훌륭한 매장은 고객에게 제품을 넘어 새로운 체험과 경험을 제공해야 한다. 고객과 감성적 교감을 이끌어내지 못하는 매장은 위기를 겪는다.

그런 점에서 아렌츠는 "매장이 어떻게 건축되었는지 하는 하드웨어가 아니라 그 안에서 사람들이 어떻게 연결되느냐하는 소프트웨어가 더 중요하다"고 말한다. 애플 매장 또한 어떻게 하면 지역 사람들이 더 자주 찾는 광장(town square)이나 모임장소처럼 만들 수 있을지 고심한다는 것이다.[28] 이때 가장 중요한 것은 고객과 감성을 교류하는 사람, 즉 일하는 사람들이다. 그들의 표정, 접객태도, 정서상태를 먼저 챙기지 않으면 고객들은 불편한 느낌을 안고 돌아가게 된다.

내 손으로 시작하는 우리 가게 상권분석

서울시청 가까이 북엇국집이 있다.

인근 직장인뿐 아니라 일본 관광객이나

지방에서 일부러 찾아온 손님들도 종종 볼 수 있다.

이 북엇국집의 상권은 어디까지인가?

서울시청 상권인가? 전국인가? 동아시아인가?

상권은 이렇게 고객과 맺은 관계에 따라 달라지는 상대적 개념이다.

상권은 '여기부터 저기'까지라고

지도에 막연한 경계를 표시하는 것이 아니다.

매장을 방문해 제품과 서비스를 구매한 고객이 형성한 역동적인 범위다.

고객과의 관계가 넓어지면 상권은 넓어지고

고객의 발길이 줄어들면 상권도 줄어든다.

핵심은 자신과 관계를 맺은 고객의 분포다.

Chapter 4

상권은 부동산이 아니라 고객분포다

상권분석이 중요한 가장 큰 이유는 한마디로 '돈' 때문이다. 창업에 필요한 초기자금의 절반이 상권과 입지에 투자된다.

〈매일경제신문〉의 노승욱 기자는 창업자에게 정확한 정보를 제공하기 위해 50개 프랜차이즈의 매장 크기, 가맹비용, 교육비, 인테리어 비용, 장비와 기자재, 본사 보증금, 상가 보증금, 권리금을 포함한 총창업비용을 직접 조사했다. 간판, 홍보물, 이벤트 비용, 초도 상품대를 포함한 '기타 비용'까지 취재했다. 권리금과 임대료는 각 프랜차이즈 본사 자료에만 기대지 않고 한국창업부동산정보원의 '서울 주요상권 임대 보증금·권리금 산정방식'으로 조사했다. 자료공개를 꺼리는 가맹본사를 설득하고 또 설득해가며 취재한 조사과정의 정성은 감탄을 자아낸다.

그가 분석한 자료를 보자. 상권과 입지에 투자하는 비용은 권리금과 임대료를 합한 '부동산 비용'이다. 평균 부동산 비용이 전체 창업비용에서 차지하는 비율은 58.6%였다. 서울 매장을 기준으로 작성된 데이터여서 지방에서는 별도의 조사가 필요하다. 원본 도표의 정보가 너무 많아 대표적인 브랜드 28개만 추려서 〔도표28〕에 소개했다. 세탁소부터 패스트푸드까지 다양한 업종의 평균 매장 크기는 27평이었다. 평균 총창업비용은 3억 5000만 원 남짓이었으며, 이 중 58.6%가 매장을 얻는 부동산 비용으로 들어간다. 보증금 평균금액 7616만 원과 권리금 1억 3078만 원을 적용하면 부동산 비용은 2억 원을 초과한다.

상권분석이 중요한 두 번째 이유는 폐업시 권리금 회수가 어렵기 때문이다.

소상공인진흥공단이 폐업과 재창업을 경험한 803명을 직접 만나 폐업할 때 어려웠던 점이 무엇인지 물었다. 가장 많이 꼽은 어려움은 '권리금을 회수할 수 없어서 곤란하다'(48.3%)였다. 2위는 기존 설비 처분이었고 3위가 사업장 매도였다. 폐업하면 권리금과 시설비를 손해 보는 것은 물론 다음 임차인이 계약할 때까지 계속 임대료를 내야 하는 3중고에 시달린다. 이 중 두 가지가 '부동산 비용'에서 발생한다.

〈도표28 : 금액대별로 선택할 수 있는 프랜차이즈 창업비용〉

업종	상호	면적(평)	창업비용(만원)	점포비용(서울 기준)			총창업비용(만원)	부동산비율(%)
				보증금(A)	권리금(A)	부동산(A+B)		
세탁	크린토피아	6	1,760	1,000	1,000	2,000	3,760	53.2
치킨	페리카나	15	4,125	2,500	2,500	5,000	9,125	54.8
	교촌치킨	15	5,726	2,500	2,500	5,000	10,726	46.6
주점	투다리	12	3,762	2,000	2,000	4,000	7,762	51.5
분식	죠스떡볶이	10	6,254	2,700	3,900	6,600	12,854	51.3
	김가네김밥	10	5,170	2,700	4,050	6,750	11,920	56.6
	바르다김선생	15	13,047	4,000	6,000	10,000	23,047	43.4
생활용품	양키캔들	12	5,126	3,200	4,800	8,000	13,126	60.9
간편식	한솥도시락	12	6,173	3,200	4,800	8,000	14,173	56.4
편의점	3대 브랜드	20	-	3,400	3,400	6,800	9,220	73.8
디저트	베스킨라빈스31	20	16,115	6,700	13,400	20,100	36,215	55.5
	던킨도너츠	20	17,655	6,700	13,400	20,100	37,755	53.2
	망고식스	50	25,960	13,300	19,950	33,250	59,210	56.2
커피(A)	이디야커피	15	10,230	5,000	10,000	15,000	25,230	59.5
	디초콜릿커피앤드	15	10,945	5,000	10,000	15,000	25,945	57.8
제과점	뚜레쥬르	20	15,565	5,300	7,950	13,250	28,815	46.0
	파리바게뜨	17	19,085	4,500	6,750	11,250	30,335	37.1
외식	놀부부대찌개	25	9,570	8,300	16,600	24,900	34,470	72.2
피자	미스터피자	40	22,479	7,100	7,100	14,200	36,679	38.7
	도미노피자	25	21,890	6,640	9,960	16,600	38,490	43.1
외식	원할머니보쌈족발	30	10,681	10,000	20,000	30,000	40,681	73.7
	놀부보쌈	30	1,870	10,000	26,600	36,600	38,470	95.1
	채선당샤브샤브	71	20,685	18,900	28,350	47,250	67,935	69.6
커피(B)	할리스커피	40	21,230	13,300	26,600	39,900	61,130	65.3
	엔제리너스	40	22,000	13,300	26,600	39,900	61,900	64.5
생활용품	다이소	60	24,398	16,000	24,000	40,000	64,398	62.1
패스트푸드	롯데리아	60	36,894	16,000	24,000	40,000	76,894	52.0
	버거킹	60	49,363	20,000	40,000	60,000	109,363	54.9
평균	–	27	12,736	7,616	13,078	20,694	35,344	58.6

(출처 : 매경이코노미29)

상권분석이 중요한 세 번째 이유는 한 번 정하면 바꾸기 어렵기 때문이다. 음식점이 성공하는 데 갖춰야 할 필수요소 중에서 맛, 가격, 서비스, 분위기는 당장 바꿀 수 있다. 소매점도 물건의 종류와 진열방식은 바꾸기 수월하다. 그러나 배후상권과 입점한 건물은 마음대로 바꿀 수가 없다. 계약기간이 끝날 때까지 꼼짝하지 못한다. 건물, 도로, 유동객, 가로수, 가로등, 교통시설, 주거인구, 입주 기업체 어느 하나 자신이 원하는 대로 바꾸는 것이 불가능하다. 농부에게 기후와 비슷하다. 주어진 상황을 받아들일 수밖에 없기 때문에 상권선택은 신중에 또 신중을 기해야 한다.

이처럼 중요한 상권분석, 어떻게 해야 할지를 알려면 우선 상권분석의 개념을 정확히 이해하고 시작하는 것이 좋다. 상권을 어떻게 정의할지는 사람마다 다양하겠지만, 반드시 빠뜨리지 말아야 할 두 가지가 있다.

첫 번째, 고객 중심으로 상권을 해석해야 한다.

국어사전에서 '상권(商圈)'은 "어떤 곳을 중심으로 상업이 활발하게 이루어지는 지역"이라 풀이한다.[30] 반면 미국의 상권 정의는 맥락이 조금 다르다. 미국의 도시연구소는 상권에 대해 이렇게 정의한다.[31] "상권(trade area)은 특정 판매점의 제품과 서비스를 구매할 의향이 있는 고객들이 생활하는 지리적 범위를 말한다."

흔히 매장의 위치를 중심으로 상권을 생각하지만 정작 중요한 것은 고객의 위치다. 즉 상권이란 매장 경영자가 확보한 고객의 지리적 범위를 가리킨다.

서울시청 인근에 북엇국집이 있다. 오전 7시에 장사를 시작하는데 7시 10분 전후로 만석이 되곤 한다. 인근 직장인뿐 아니라 일본 관광객이나 지방에서 일부러 찾아온 손님들도 종종 볼 수 있다. 이 북엇국집의 상권은 어디까지인가? 서울시청 상권인가? 전국인가? 동아시아인가?

상권은 이렇게 고객과 맺은 관계에 따라 달라지는 상대적 개념이다. 상권은 '여기부터 저기'까지라고 지도에 막연한 경계를 표시하는 것이 아니다. 매장을 방문해 제품과 서비스를 구매한 고객이 형성한 역동적인 범위다. 고객과의 관계가 넓어지면 상권은 넓어지고 고객의 발길이 줄어들면 상권도 줄어든다. 핵심은 자신과 관계를 맺은 고객의 분포다.

맥도날드 부동산담당 부회장을 역임했던 루이지 살바네스키는 상권을 3가지 차원으로 구분했다. 핵심상권이라 부르는 1차상권은 고객의 50%가 확보되는 지역, 2차상권은 75%, 3차상권은 90%의 고객이 퍼져 있는 권역을 의미한다.[32] 이 중 중요한 것은 물론 핵심상권이다. 얼마나 멀리까지 나가야 우리 고객의 50%를 확보할 수 있는지 고객분포를 알아야 한다.

고객분포를 파악한다니 거창한 작업 같지만, 이 또한 지리정보시스템(GIS)에서는 어렵지 않다. A패션 브랜드의 제주시 매장에서

〈도표29 : A패션 제주점 고객의 위치 지도〉

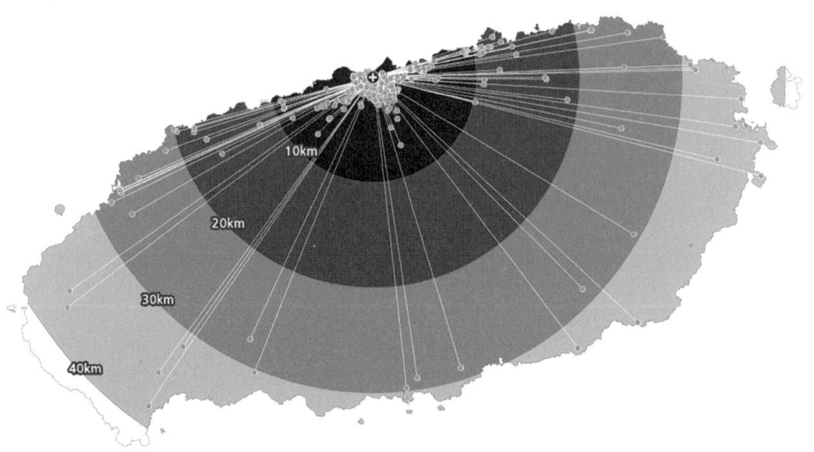

제품을 구매한 고객의 주소 데이터를 컴퓨터 지도에 표시해보았다. GIS를 활용하면 수백만 개의 주소정보도 매우 짧은 시간에 지도에 입력할 수 있다. 주소를 지도 위의 경도(X좌표)와 위도(Y좌표)로 표시하면 고객의 분포가 한눈에 들어온다. 지도 북쪽의 작은 십자가 표시가 패션매장의 위치다. 매장에서 10km 구간별로 원을 그려 제주도 지도를 재구성했다. 제주시와 서귀포시의 행정경계가 아니라 매장과 고객이 맺은 거리를 기준으로 지도를 다시 그린 것이다. 이 지도에서 매장과 고객 위치를 선으로 연결하면 고객 한 명 한 명과 매장과의 직선거리를 계산할 수 있다. 고객이 얼마나 멀리서 오는지 막연하게 상상하던 단계에서 이제 정확한 거리값을 기반으로 분석이 가능하다.

A패션 제주지점의 고객 50~70%가 몰려 있는 상권은 어디까지인가? 이런 질문에 이제 대답할 수 있다. 매장에서 가장 가까운 고객부터 한 명씩 더해가면 50%를 채우는 거리값을 알 수 있다. 반경별 고객비율도 계산할 수 있다. 〔도표30〕은 A패션 제주점의 2011년 9월 전체 고객 844명 가운데 연령 및 주소가 확인된 데이터를 정리한 것이다. 제주지점의 1km 반경까지 고객구성 비율은 전체의 14%를 차지한다. 핵심상권이라 할 수 있는 고객비율 50%에 도달한 것은 반경 2~3km 사이이다. 매장으로부터 반경 7km 구간으로 가면 전체 고객수의 70%에 도달한다. 이 작업을 매달 매년 진행하면 자신의 상권이 어떻게 변화하는지도 파악할 수 있다. 마

〈도표30 : A패션 제주점 반경거리별 고객비율〉

반경구간	20대	30대	40대	50대	60대	합계	누적비율(%)
1km	15	14	15	27	11	118	14.0
2km	29	30	71	46	42	220	40.0
3km	17	15	40	42	3	120	54.3
4km	11	6	14	20	5	56	60.9
5km	5	4	22	11	3	47	66.5
6km	2	7	2	3		18	68.6
7km	3	4		2	9	18	70.7
8km				13		13	72.3
합계	113	131	269	212	100	844	

치 정기적으로 건강검진을 하며 엑스레이를 찍는 것처럼 어디가 좋아졌고 나빠졌는지 확인할 수 있다.

두 번째로 염두에 두어야 할 사항은 상권의 변화다.

1년 동안 대한민국에서는 어떤 변화가 얼마나 일어날까? 변화의 실체를 잘 파악한다면 누구에겐 기회가 될 것이다. 1년 동안 대한민국 전체 국민의 15.6%가 이사를 다닌다. 2008~17년까지 10년 동안 전국의 전출입 인구는 7848만 명이다. 해마다 784만 명이 이사를 다닌 셈이다. 부산, 대구, 대전, 세종시의 인구를 모두 더한 것보다 많은 규모다. 서울의 소공동은 1년간 전출입 비율이 51%를 기록했다. 2년마다 주거인구가 모두 바뀐다고 가정할 수 있다. 여러분의 매장이 위치한 동네는 어떤가? 관심을 두고 있는 지역의 인구통계를 직접 챙겨봐야만 알 수 있다.

도로의 변화도 살펴볼 주제다. 차량 이동은 물류, 사람, 돈의 흐름과 이어지기 때문이다. 새로 뚫린 도로 하나가 상권을 완전히 바꿔놓기도 한다. 2016년 기준 대한민국에는 총 10만 428km의 도로망이 펼쳐져 있다. 한국도로공사가 관리하는 고속도로는 4만 43km로, 전체 도로의 3%다. 2007~16년 사이 연평균 947km씩 늘어났다. 서울에서 제주도 남쪽 끝에 있는 서귀포까지 직선거리가 약 500km이니, 매년 서울에서 서귀포까지 왕복한 직선거리만큼 새로운 도로가 만들어진 셈이다. 2008~16년 전국 고속도로를 이용한 누적 차량대수의 연평균 통계는 21억 4991만 대로, 연평균 1억 1180만 대씩 증가했다.

땅은 어떤가? 2006~14년 동안 연평균 227만 건의 토지가 사고 팔렸다. 서울시 면적의 3.6배다. 같은 기간 건축물은 매년 138만 건이 거래되었다. 국제축구연맹(FIFA)이 정한 축구장 면적의 2만 1300배 크기다. 2011~17년 사이 신규 또는 증·개축한 건축물은 여의도 면적의 50배에 이른다.

〈도표31 : 대한민국 1년간의 주요 변화양상〉

대분류	세부분류	내용	출처
인구 교통	전출입 인구	2008~17년 사이 연평균 784만 명이 이사를 다님. 동일기간 평균 주민등록인구(5040만)의 15.6%에 해당됨	통계청
	고속도로 교통량	2008~16년 전국 고속도로를 이용한 누적 차량대수는 연평균 21억 4991만 대로 매년 1억 1180만 대씩 증가함	한국 도로공사
	신규건축	2011~17년 신규·증·개축, 용도변경 등 건축허가 건수는 연평균 24만 건(연면적 154km², 여의도 면적의 50배)	국토 교통부
	도로	2016년 기준 전국 도로망 가운데 포장이 끝나 개통된 도로의 총연장 길이는 10만 428km, 2007~16년 사이 연평균 947km의 도로가 신설됨	한국 도로공사
기업 경제	창·폐업	전체 신규사업자 122만 개는 개인사업자 110만과 법인 12만 개로 구성되며 전체 폐업자 90만 개는 개인사업자 83만 개와 법인 7만 개로 구분됨	국세청
	지출 소비	2016년 정부지출은 530조 규모, 2017년 일반 가계지출은 792조(주택·수도·전기·가스 18%, 식료품 13%, 교통 12%, 오락문화 8.1%, 음식숙박 7.9%, 의류신발 5.8%, 의료보건 5.4%, 교육 5.2%, 해외소비 4.1%, 통신 3.1%, 주류담배 2.7% 순)	한국은행

매년 5만~6만 개의 신설법인이 탄생하며 간이사업자까지 포함하면 해마다 100만 사업자가 창업한다. 그리고 동시에 90만에 가까운 사업자가 폐업한다. 변화는 생생하고 구체적이다. 변화를 위기로 접근하면 위험하고 두려운 대상이 된다. 하지만 변화를 기회로 접근하면 전에는 확보하지 못했던 고객을 창출할 계기를 발견할 수 있다.

상권분석의 첫 질문 : 내 고객은 어디에서 오는가?

30년 넘는 기간 동안 A패션의 매장분류는 다양하게 변해왔다. 가장 최근에는 교통망과 입지를 고려해 나들목 매장, 대로변 매장, 의류타운, 백화점 등으로 구분했다. 고객의 접근성과 상권의 특징을 반영한 분류체계라 하겠다. 그럼에도 고객 중심의 매장 특성을 반영하기에는 부족한 면이 있다.

고객에 따라 매장을 다시 분류하기 위해 A패션의 각 매장별로 고객의 자택·직장 주소를 컴퓨터 지도에 입력해 매장과의 거리를 계산했다. 매장별로 매출액의 50%가 확보되는 거리를 확인해 크게 3가지 유형으로 나누었다. '밀집형'으로 분류한 매장은 서울시 강서지역에 있다. 인구밀도가 매우 높은 전형적인 주거지역 한

〈도표32 : A패션 매출상권의 3가지 유형〉

매출비중(100%)

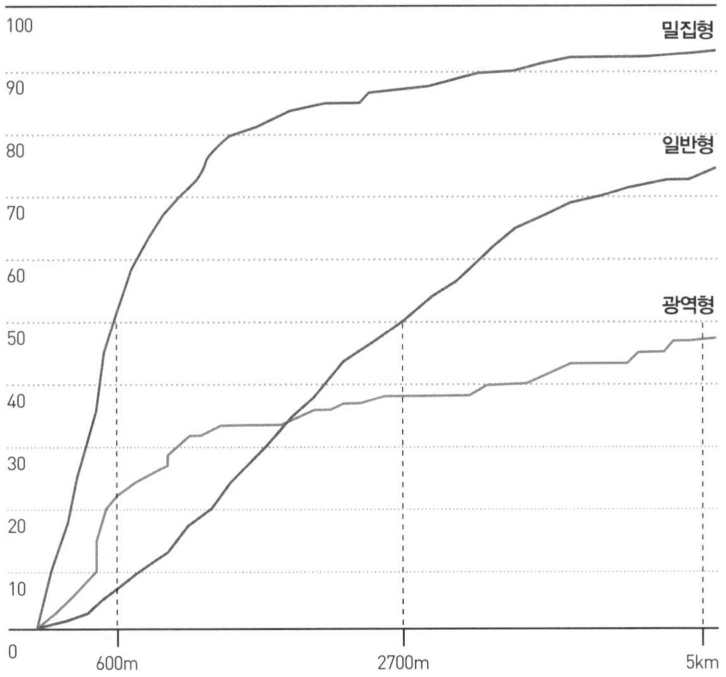

복판에 매장이 있다. 전체 매출액의 50%가 확보되기까지 600m 반경이면 충분하다. 반경이 2700m까지 확장되면 누적매출액은 87%에 도달한다.

두 번째 곡선으로 표현된 '일반형'은 매장으로부터 600m 지점까지 가도 매출액이 10%도 안 된다. 그러다 반경 2700m에 와서 50%에 도달했다. 〔도표32〕에서 가장 아래쪽에 그려진 '광역형'

〈도표33 : 매출상권 유형별 고객분포〉

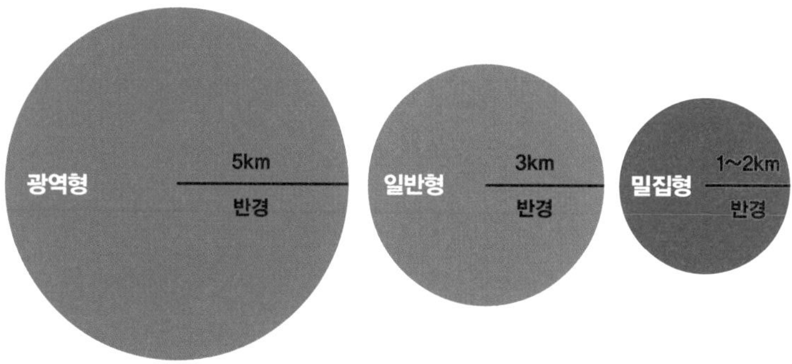

매장은 5km에 도달해도 누적매출액의 50%를 채우지 못한 것을 볼 수 있다. 경기도를 대표하는 대형 전통시장의 입구에 위치한 매장이다. 수백 개의 상점이 밀집한 대형시장인지라 상당히 먼 거리에서도 고객들이 찾아왔다.

이처럼 같은 브랜드라도 매장마다 상권이 다르다. 마치 사람의 지문처럼 제각각이다. 그러나 전국에 흩어진 A브랜드 매장 수백 개도 이 3가지 유형으로 단순하게 분류할 수 있다. 매출의 50%가 나오는 상권의 크기가 가장 작은 '밀집형'은 반경 1~2km, '일반형'은 3km, '광역형'은 5km로 구분할 수 있다. 광역형 매장이 축구공이라면 일반형 매장은 야구공, 밀집형 매장은 골프공에 비유할 수 있다.

축구공 상권이 골프공 상권보다 더 좋은지 아닌지는 매출액과 수익률을 살펴보고 성장추이와 고객만족도를 비교해야 알 수 있다. 상권의 크기가 중요한 것이 아니라 매장이 지속적으로 고객을 늘려가고 있는지 물어야 한다. 단순히 전국을 500대 상권이나 1000대 상권으로 나누거나 A급, B급 등 임의의 기준으로 구분하는 것은 큰 의미가 없다. 고객 위치에 따른 매출액을 기반으로 상권을 분석할 때 매장경영 계획을 더 잘 짤 수 있다. 그럴 때 이러한 분류법도 의미가 있는 것이다. 당장 전단지를 배포하거나 현수막을 설치할 때 어디까지 범위를 정할 것인지 판단하는 데에도 도움이 되지 않겠는가.

수도권에만 약 100개의 매장을 운영하는 B한식 프랜차이즈의 상권분석을 수행한 적이 있다. 대표이사는 부모님이 30년 넘게 운영하던 가게를 물려받아 중견기업으로 성장시키고 있었다. B프랜차이즈의 우수매장 중 세 곳에서 결제한 고객의 주소지 정보를 모았다. 매장별로 얼마나 멀리서 어떤 고객들이 오는지 신용카드 회사와 공동분석을 진행했다.

먼저 수원점은 '밀집형' 상권으로 전체 매출액의 58%가 2km 반경 안에서 확보되었다. 인천점은 '일반형'으로 2km 반경 안에서 42%, 10km 반경까지 확대하면 전체 매출액의 70%가 달성되었다. 반면 가평점은 매장 10km 반경 매출이 16%에 불과하다. 훨씬 더 멀리까지 상권이 펴져 있는 '광역형'이다.

수원점은 아파트와 상가가 조밀하게 몰려 있는 대도시의 주거

〈도표34 : B한식 프랜차이즈 3개 매장의 고객분포도〉

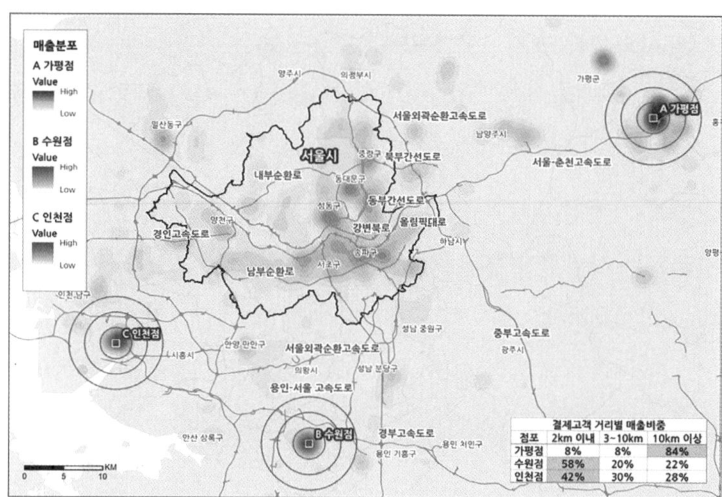

결제고객 거리별 매출비중			
점포	2km 이내	3~10km	10km 이상
가평점	8%	8%	84%
수원점	58%	20%	22%
인천점	42%	30%	28%

단지에 있다. 매장이 입점한 건물 주위로는 학원, 식당, 슈퍼마켓, 주점이 빈틈없이 이어졌다. 인천점은 새로 형성되는 신도시 상업지구에 위치했다. 아직 상권이 완성되지 않았고 계속 만들어지는 중이었다. 매출도 분산돼, 인근의 상주인구와 3~10km 벗어난 공업단지에서 각각 매출의 절반이 확보되었다.

가평점은 여러모로 흥미로운 상권분석 사례였다. 애초 가평점 매장주가 그 자리에 매장을 열게 해달라고 요청했을 때 본사직원들은 대부분 반대했다. 고속도로 진출입로의 상가도 없는 허허벌판이었기 때문이다. 매장으로 가는 삼거리에 안내판이 있는데, 골프장 3개 외에 유명한 수목원과 봉우리 이름이 여럿이었다.

그러나 가평점주는 자신 있었다. 그는 오래전부터 이 길목을 오가는 야외활동 레저인구가 꾸준히 늘고 있는 반면 나들이객이 간단히 요기할 수 있는 식사공간은 부족하다는 사실을 눈여겨보고 있었다. 고객 데이터를 분석해보니 전체 고객의 90%가 서울에서 출발해 가평점 앞길을 경유해 인근 골프장이나 수목원, 등산로를 방문하는 야외활동 유동객이었다. B프랜차이즈 본사 입장에서 가평점의 의미는 각별하다. 서울 도심의 매장보다 더 높은 매출액을 기록하지만 보증금과 임대료는 낮은 교외지역 대박 매장이기 때문이다.

분석을 소홀히 하면 초점이 흐려진다

'상권'의 개념을 살펴보았으니 '분석'의 의미도 짚어보자. 3000명의 중소기업 CEO들에게 기업의 성공확률을 질문했다. 그들은 자기 회사가 성공할 확률을 10점 만점에 8.1로 보았지만, 다른 기업들이 성공할 확률은 10점 만점에 5.9점을 주었다. 자신을 지나치게 높이 평가하는 확증편향이다. 확증편향에 사로잡히면 자기 아이디어의 장점만 눈에 들어오고, 한계나 단점은 무시하거나 과소평가하게 된다.

자영업 창업자는 어떨까? 실패를 경험한 사람들은 확증편향에서 벗어날까? 그래서 두 번째 시도는 더 성공적일까? 소상공인시장진흥공단은 폐업한 적 있는 자영업자를 대상으로 폐업 원인, 애

〈도표35 : 자영업자 창업 준비기간〉

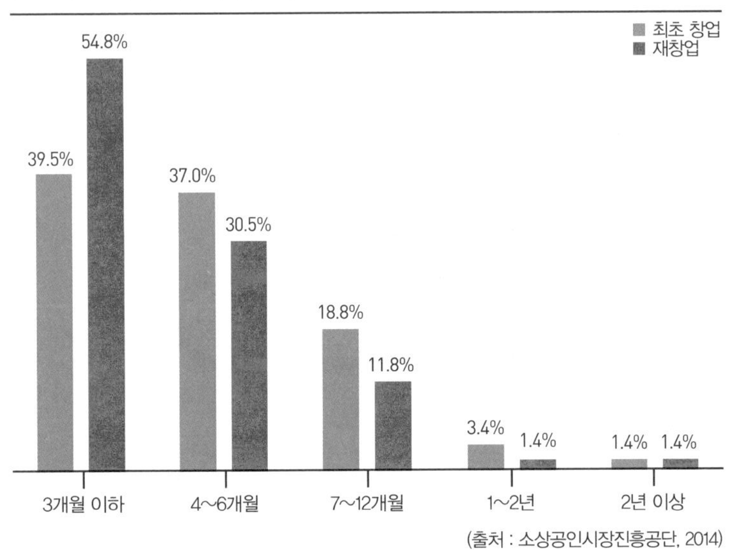

(출처 : 소상공인시장진흥공단, 2014)

로상항, 재창업 준비방향을 조사했다. 폐업을 고려하고 있는 188명, 폐업이 결정된 268명, 폐업 후 재창업한 347명, 총 803명을 방문해 조사한 보고서가 발표되었다.

보고서에서 가장 주목할 항목은 창업 준비기간이다. 창업 준비에 바람직한 기간이 따로 정해질 수는 없다. 그럼에도 자영업의 실패율이 너무 높고 계속 악화되고 있기 때문에 타인의 실패에서 무엇을 배울 것인지 살펴보는 점에서 의미가 있다. 〈자영업자 폐업 실태조사〉에 참여한 응답자의 최초 창업 준비기간은 평균 6.2개월, 재창업 준비기간은 5.1개월로 조사되었다. 1년 이상 준비했다

고 답한 비율은 최초 창업 4.7%, 재창업은 2.9%에 불과했다.[33]

2017년 통계청이 발표한 〈기업 생멸 행정통계〉에 따르면, 전체 산업을 통틀어 법인과 개인사업자의 평균 5년 생존율은 27.5%다. 상권분석이 중요한 개인서비스업은 29.8%, 도소매업은 24.2%, 음식업의 5년 생존율은 17.9%를 기록했다. 창업 첫해 음식점의 59.5%가 문을 닫았다. 창업 준비를 꼼꼼히 했어도 사업 첫해에 이렇게 많이 문을 닫을까? 생존에 필요한 창업준비가 부족했다는 증거다.

음식점은 계절과 날씨의 영향을 심각하게 받는다. 소매업도 품목에 따라 성수기와 비수기가 극명하게 엇갈린다. 계절마다 시기마다 해당 상권에서 생활하는 사람들의 구매특성이 어떻게 달라지는지 파악하기에는 1년도 과연 충분한 시간인지 자신할 수 없다. 그럼에도 신규 창업자의 95.3%가 1년 안에 창업 준비를 마친다고 응답했다.

이렇게 서두르게 되는 가장 큰 이유는 다급한 생계 때문이다. 한번 폐업한 다음에는 더 급해진다. 쫓기듯 재창업하지만 다시 실패할 가능성이 높다. 서둘러 창업한다는 것은 차분한 사업계획, 시장조사, 고객이해, 경쟁분석, 경영능력을 준비하지 않는다는 뜻이다. 창업자 중 '창업교육을 받아본 적 없다' 고 응답한 경우가 82.4%라는 통계가 이를 뒷받침한다.[34] 자금, 업종, 입지를 선택하는 데 주력한 나머지 종합적인 경영 노하우 준비에는 소홀해지는 것이다.

상권을 분석할 때 사용하는 한자어 '분석(分析)'에는 '칼'과 '도끼'가 들어 있다. 분(分)은 칼(刀)로 나눈다(八)는 의미다. 석(析)은 나무(木)를 도끼(斤)로 쪼개거나 자른다는 뜻이다. 영어의 분석(analysis)도 고대 그리스어에서 왔으며 '분해하다'라는 의미를 갖고 있다. 이에 따르면 상권분석이란 창업과 경영의 주요 과정을 잘게 쪼갠 후 각 부분마다 제대로 준비하는 것이라는 해석이 가능하다. "어디든 10대도 있고 70대도 있겠지, 뭐" 이렇게 대충 생각하고 넘어가면 사업의 초점을 어디에 둘지 결정하기 어렵다. 너무 막연하고 개략적으로 생각하게 되기 때문이다. 그림에 비유하자면 빠르게 윤곽선만 그리는 스케치와 살아 있는 듯 생생하게 그려낸 세밀화의 차이다. 데이터 중에서 부실하고 오래된 부위는 도려내고 '피가 되고 살이 되는' 정보만 추려내어 요긴하게 사용하는 안목이 필요하다.

그렇다면 분석은 무언가를 그저 쪼개는 것이 목적인가? 그렇지 않다. 분석은 사실과 데이터를 칼로 자르고 도끼로 쪼개는 이상을 요구한다. 분석이란 복잡한 주제나 물체를 더 작은 부분으로 나누어 제대로 이해하기 위한 과정이다. 쌀을 쪼개고 쪼개서 미세한 가루로 만들어 특성을 파악하면 떡을 빚어 새로운 결과물을 만들어 낼 수 있다. 서로 다른 나무의 재질은 저마다의 특성을 살려 가구도 되고 건축자재로도 쓰인다. 사실과 데이터를 식재료와 나무에 비유한다면, 칼을 이용해 먹음직스러운 '요리'를 만들고 도끼를 이용해 '식탁'과 '젓가락'을 만드는 것이라 할 수 있다.

이처럼 분석의 목적은 이해와 창조다. 더 명확히 말하면 질문에 대답하고, 의사결정을 지원하며, 문제를 해결하는 과정이다.[35] 자신의 사업에 가장 적합한 상권은 어디인가? 이 질문에 답하려면 자신이 추진하려는 사업의 본질, 고객, 경쟁을 먼저 파악해야 한다. 여러 후보지역 중 하나를 고른다면 어디인가? 후보입지의 강점과 단점을 구분해야 한다. 전체 배후상권의 특징, 고객관점, 경쟁구도를 세밀하게 쪼개서 살펴야 한다. 그러니 분석은 그저 잘게 나누어 살피는 것이 전부가 아니다. 쓸모 있는 성과를 만들어내는 창조적 과정이다. 경영자를 위한 최선의 결정도구다.

상권분석의 나침반

상권분석의 최종목적은 매장을 성공적으로 경영하는 것이다. 이를 위해서는 상권분석을 할 때 4가지 핵심요소 즉 고객, 상권, 경쟁, 입지를 종합해야 한다.

첫째 요소는 고객이다. 사업의 궁극적인 목적은 고객창출이다. 흔히 사업의 목적이라 널리 알고 있는 '이윤창출'도 고객 없이는 실현되지 않는다. 그렇기에 상권분석의 첫째 요소는 원하는 고객들이 매장을 방문할 것인지 가능성을 살피는 것이다.

우선 매장의 생존과 번영에 필요한 고객규모를 따져봐야 한다. 그런 다음 관심상권의 직장인, 주거민, 유동객으로 목표고객이 확보될 수 있을지 따져봐야 한다. 남성과 여성, 청소년, 청년, 장년,

노년, 소득수준도 살펴야 한다. 고객분석을 아무리 강조해도 현실에서 제대로 실행하기란 간단치 않다.

상권분석을 위해 건국대학교 부근 쇼핑몰을 방문한 적이 있다. 식사 때가 되어 들어간 비빔밥집 벽에는 사명선언문이 액자에 걸려 있었다. "고객은 직접 찾아오든 간접적으로 찾아오든 우리에게는 가장 중요한 사람이다. 고객의 성패가 우리에게 달려 있지 않다. 우리의 성패가 고객에게 달려 있다. 고객은 우리 일의 방해자가 아니다. 고객은 우리 사업의 목적이다. 우리가 고객에게 봉사하는 것은 고객에게 호의를 베푸는 것이 아니라 오히려 고객이 우리에게 봉사할 기회를 줌으로써 우리에게 호의를 베푸는 것이다. 고객은 말다툼을 해야 할 사람이 아니다. 고객과 말다툼을 해서 이긴 사람은 한 명도 없다. 고객은 항상 옳다. 고객은 자신이 원하는 것을 우리로부터 얻기를 원하는 사람이다. 우리의 임무는 고객이 요구하는 것을 만족하게 채워주는 것이다. 고객의 중요성은 아무리 강조해도 지나치지 않고, 우리의 고객이 있음으로써 우리가 존재하는 것이다."

비빔밥집의 사명선언문은 고객의 중요성에 대한 진지한 생각을 담고 있다. 상권분석에서 다루는 고객은 불특정 다수의 막연한 유동객을 말하는 것이 아니다. 우리 매장에서 만족시킬 수 있는 고객은 누구인가? 어떤 고객들과 지속적인 관계를 형성할 수 있는가? 다른 매장이 채워주지 못하는 어떤 가치로 만족시킬 것

〈도표36 : 상권분석의 핵심 4요소〉

인가? 이런 질문을 던지며 자신만의 구체적인 고객층을 만들어가야 한다.

둘째, 경쟁은 매장의 흥망성쇠에 직접적인 영향을 미친다. 경영학자 필립 코틀러는 경쟁에 대해 다음과 같이 표현했다. "뒤처진 기업은 경쟁자를 외면한다. 평범한 기업은 경쟁자를 따라간다. 탁월한 기업은 경쟁자를 앞서간다."

맥도날드에서 상권분석 업무를 지휘했던 루이지 살바네스키는 입지와 전략의 차원에서 경쟁매장을 분석하라고 말한다. 먼저 경쟁매장의 매력과 강점을 살핀 다음 결제 고객수가 언제 정점을 찍는지, 고객들은 왜 그곳을 선택하는지, 인기품목은 무엇이며 가격과 품질은 어떤지 상세히 점검한다. 동시에 경쟁매장의 경영자가 어떻게 사업을 준비하고 개점했는지, 개점할 당시의 시장상황은 어땠는지, 최초의 사업방향이 어떻게 변화해왔는지 등 경영전략에 대해 파악한다.

그는 경쟁매장을 한두 번 방문해서 대충 훑어본 느낌으로만 판단해서는 안 된다는 충고도 잊지 않는다. 신중하게 조사하고 탐문하고 분석하라는 것이다. 맥도날드의 경쟁매장 체크리스트를 살펴보면 전 세계에서 가장 크게 성공한 프랜차이즈라는 거만함은 찾아볼 수 없다. 자세한 내용은 뒷부분에 소개했다.

셋째, 이미 강조했듯이 상권에 대한 근본적인 개념정립이 필요하다.

상당수의 창업자들이 상권분석에서 가장 중요하게 여기는 것은 유동인구·권리금·임대료다. 그렇기에 창업단계에서 가장 노력하는 것은 충분한 투자금을 준비하는 것이다. 자금이 넉넉하면 유동인구가 풍부한 A급상권에 매장을 얻을 수 있다고 가정한다. 유동인구가 풍부한 곳은 권리금이 높고, 권리금은 나중에 되찾을 수 있는 보험 같은 돈이라 생각한다. 그러나 현실도 그러한가? 아무리 넉넉한 자금을 준비해 최다 유동객이 오가는 상권에 가게를 차려도 몇 달 만에 투자금을 모두 날리는 경우가 허다하다. 장사 안 되는 가게는 권리금을 보전받기도 어렵다.

상권을 살피면서 가장 유념해야 하는 요소는 자신의 경영역량과 고객확보 능력이다. 상권을 '돈'으로 볼 게 아니라 고객을 끌어당길 자신의 역량으로 살펴야 한다.

넷째, 입지선정은 상권분석의 마지막 단계다. 입지선정을 잘못하면 가게문을 닫아야 한다.

B프랜차이즈는 여러 직영점을 운영한다. 프랜차이즈 본사 입장에서 직영점은 매우 중요하다. 다른 경쟁자들과 자사 가맹점들이 지켜보고 있기 때문이다. 가맹점을 희망하는 예비창업자들도 마찬가지다. 직영점의 실패는 자신의 부족함을 널리 알리는 결과를

〈도표37 : B한식 프랜차이즈 직영점의 입지분석〉

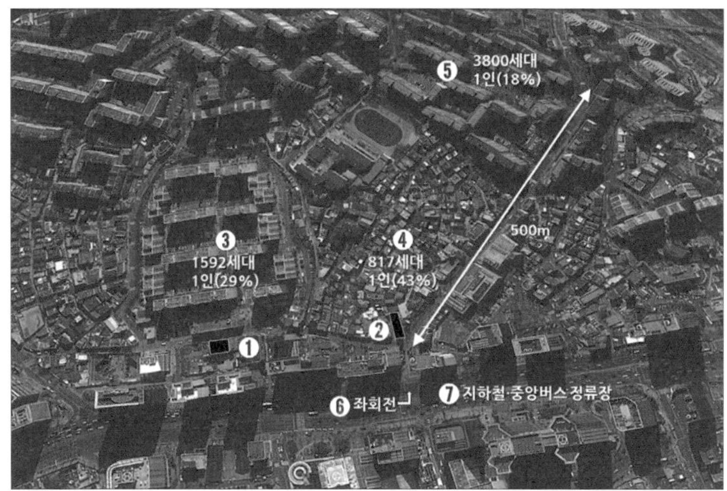

낳는다. B프랜차이즈 대표가 서울 마포지역에 직영점을 개설하기 전 2주 동안 매일 후보매장 주변을 골목골목 걸어 다니며 살피고 또 살핀 이유다.

10차선 마포대로 양쪽으로는 대형 빌딩이 가득하다. 그중 B프랜차이즈 대표는 지도상 ①번 위치에 직영점을 열었다. "이 매장을 선택한 가장 큰 이유가 뭔가요?" 질문하자 망설임 없이 대답했다. "마포대로처럼 오피스 밀집지역은 주중 장사는 큰 걱정이 없는데 주말장사가 관건입니다. 그래서 주중 오피스 직장인과 주말 주택가 주거민이 찾아올 수 있는 경계지점을 계속 찾다가 지금의 입지를 선택했습니다." B프랜차이즈 대표가 주목한 것은 ③번에 위치한 아파트 주거민 1592세대였다.

B프랜차이즈는 상권분석을 허술하게 하는 회사가 아니다. 25가지 세부항목을 체크리스트마다 기록해서 분석한다. 점포개발팀장에게 질문하니 분석반경 250m를 기준으로 한다고 대답했다. B프랜차이즈 대표는 마포점에서 200m 떨어진 건물 2층에도 매장 자리(②)가 비어 있었다고 했다. 그 자리에 들어가지 않은 이유를 물었다.

"간판이 걸리는 매장의 전면부는 사람의 얼굴이나 마찬가지인데, ②번은 반쪽짜리였고, 매장에 들어가 보니 막대기처럼 길쭉하게 안으로 깊이 들어가기 때문에 서비스 동선이 불편해서 더 살펴보지도 않았어요." B대표의 판단은 단호했다.

3~4개월이 흘러 B대표가 만나자고 전화가 왔다. 마포점을 객관적으로 다시 분석해달라는 요청이었다. 이유를 물었다. "마포점을 오픈하고 6개월 동안 할 수 있는 모든 노력을 다 쏟았는데 매출이 정체돼 원인을 찾을 수 없다"고 했다. 신용카드 회사에 데이터를 발주했다. 데이터를 가지고 마포지역 곰탕·설렁탕집 가운데 최상위 매출액을 기록하는 점포들의 블록별 매출분포를 분석했다.

그사이 ②번에는 이미 다른 곰탕 브랜드가 입점해 있었다. 그런데 이 매장은 입점 첫 달부터 ①번 마포점의 2배 매출을 올리더니 계속 격차를 벌려갔다. B대표의 고민이 깊어질 수밖에 없었다.

분석팀원들과 함께 ②번 매장 주위를 먼저 살피고 점심시간보다 조금 일찍 매장에 들어가 점심 장사를 지켜보기로 했다.

매장 주위를 살펴본 경험 많은 동료가 이렇게 말했다. "마포대로 상·하행 차선을 자세히 살펴보세요. ③④⑤번 주거단지로 들어갈 수 있는 진입로는 ⑥번이에요. 공덕역에서 마포대교까지 마포대로 구간에서 좌회전 신호를 주는 곳은 여기밖에 없어요." 반대로 ④⑤ 주변지역에 거주하는 상주인구가 마포역이나 버스정거장으로 이동하려면 ②번 앞으로 지나가야 했다.

②번 매장에 들어가 가장 안쪽에 자리잡았다. 점주는 손님을 안쪽 자리부터 순서대로 앉도록 안내했다. 2층이지만 점심시간이 되자 매장은 순식간에 만석이 되었다. 매장 입구에 줄 선 손님과 빈 자리가 교체되는 상황을 지켜보았다. 그러자 한 가지 흥미로운 패턴이 눈에 띄었다. 매장이 안쪽으로 길쭉해 서비스 동선이 불편할 것이라는 예측과 달리, 테이블이 한 줄로 길게 늘어선 덕분에 손님 수에 따라 붙이고 떼기 쉬웠다. 점심시간의 직장인 손님은 둘이 한 팀으로 오기도 하고 서너 명, 때로는 예닐곱 명, 가끔은 10명 이상이 몰리기도 하는데, 그에 맞게 테이블을 조합하며 순환속도를 높일 수 있었다. 매장 가운데에는 주방과 나란히 16명이 앉을 수 있는 별도의 독립공간이 있어서 10명이 넘어가는 손님을 받기도 좋고 4명씩 4개 테이블로 따로 사용할 수도 있었다. 자리 나기를 기다리는 시간이 짧아져 금방 순서가 돌아온다는 뜻이다. 점심시간을 짧게 끝내고 조금이라도 여유시간을 갖고 싶은 직장인들에게

충분히 긍정적인 요소다. 더욱이 2층이니 실내계단에서 대기할 수 있어 햇빛·눈·비·바람 걱정이 없다. B대표가 약점으로 꺼렸던 요소들이 바쁜 직장인들에게는 모두 긍정요소로 작용했다.

반대로 ①번 마포점은 전형적인 정사각형 매장으로 테이블이 고정되어 테이블을 손님 수에 맞게 그때그때 연결하기 어려우니 인원수에 맞는 테이블이 날 때까지 대기시간이 계속 늘어났다. 더욱이 도보객이 많은 이면도로 길거리에 서서 기다려야 했다.

분석팀은 ②번 매장의 입지특성과 '막대기형' 매장구조의 장점을 B대표에게 설명했다. B대표는 신중하게 보고를 듣더니 곧바로 실무자에게 3가지를 지시했다. 하나는 마포점을 당장 매각하라는 것이었다. 둘째는 B프랜차이즈 상권분석 리스트에 배후지 분석반경을 250m와 500m로 나누어 기록하라는 것이었다. 셋째는 차량, 대중교통, 도보 동선을 더 치밀하게 고려하라는 것이었다.

상권요인 체크리스트

지금까지 우리는 매장을 경영하면서 겪게 되는 상권에 대한 고민과 궁금증, 성공한 경영자들의 상권분석과 입지선정 방식을 살펴보았다. 반드시 A급상권이어야 성공할 수 있는 것은 아니라는 점을 알았다. 이 과정에서 상권은 임대료나 권리금 등 '부동산'의 관점이 아니라 '고객의 분포'라는 측면에서 바라보아야 한다는 점도 강조했다.

이러한 점을 기억하며, 실전에서 특정 상권과 입지를 검토할 때 반드시 점검해야 할 세부항목을 살펴보자. 상권에 관해 점검할 항목은 경쟁매장, 교차로, 군집성, 배후인구, 유동객, 집객시설 등이다.

경쟁매장

경쟁은 도처에서 심해지고 있다. 앞으로는 나아질까? 그러지 않을 것이다. 혜안리서치의 홍성국 대표는 '저성장 과잉공급'으로 향후 거시경제를 진단했다. 저출산, 저성장, 저소비, 저금리, 저저축, 저투자의 시대다. "모든 게 공급과잉이다. 창업하라고 하는데 마땅히 할 것도 없다. 눈에 보이는 게 다 공급과잉이니까. 식당, 빵

〈도표38 : 경쟁매장의 입지분야 체크리스트〉

(1)개요

- 경쟁매장의 상호와 주소
- 영업시간: 주중/주말 영업요일과 시간 (주당 영업시간)
- 방문/결제 고객수: 주중 주말 최고 및 최저치
- 서비스에 대한 분석
- 매장의 매력과 강점
- 매장의 약점(비호감)

(2)외부 평가

- 물리적 건축물의 형태(체크)
  - □ 쇼핑몰, 중심상업지역
  - □ 단독 별개입지
  - □ 길거리 상가
  - □ 기타(구체적으로)
- 외부 디자인, 주차배치, 간판 등에 대한 인상
- 매장 외형 중 매력요소
- 매장 외형 중 비호감 요소

(3)내부 평가

- 가게 내부 부착물과 시설의 적절한 배치
- 영업 면적(추정)
- 창고 면적(추정)
- 계산대 개수
- 매장의 강점
- 매장의 약점
- 제품·서비스의 주요 인기 품목
- 제품·서비스의 부차 인기 품목
- 제품 · 서비스의 비인기 품목

(4)가격 정책(택1)

- □ 시장보다 고가
- □ 중간 가격
- □ 시장보다 저가
- □ 강력한 할인율 적용
- □ 기타(자세히) :
- 판매와 상품·서비스의 독창성

(5)인터뷰

- 인근 상인들의 경쟁점에 대한 표현:
- 경쟁매장 이용고객의 표현:
- 경쟁점주의 매장에 대한 표현:
- 경쟁매장의 종합적인 신뢰도
  - □ 높다 □ 평균 □ 평균이하 □ 낮다
  - □ 메모:

집, 커피전문점 다 공급과잉이다. 언론사도 그렇지 않은가?"36

공급과잉의 시대에 기업과 자영업의 성공률은 점점 낮아지고 있다. 열심히 하다 보면 언젠가는 좋은 날이 올 것이라는 막연한 희망을 버려야 한다. 장사를 오래 했다고 경험을 내세워도 안심하긴 이르다. 프랜차이즈 본사의 직영점도 상권마다 다르게 형성된 경쟁구도를 무시하면 실패하기 십상이다.

실패를 최대한 줄이는 방법을 찾고 싶었다. 맥도날드의 루이지

〈도표39 : 경쟁매장의 전략분야 체크리스트〉

(6)경쟁매장 경영자/매니저	(7)경쟁매장의 역사
•이름 •리더십 자질 •경영 스타일 •핵심역량 •개성	•어떻게 사업을 준비하고 개점했는가? •개점 시점의 시장상황 •최초의 사업방향은 어떻게 변화해왔는가?

(8)구성원의 인적요인	(9)장기적 경영계획
•정규직 고용자수 •비정규직 고용자수 •정규/비정규직 비율 •노조상황 •점주와 고용인의 관계	•현재 사업의 성장과 시설 확장을 위한 자본의 준비 정도 •신제품·서비스 •새로운 시장 •새로운 입지 •새로운 설비·시설 •신규 인수합병

(10)중·단기 전략계획	(11)브랜드 이미지
•상품 •물류 •제조 •확장 •배달(배송)	•광고 •판매 •마케팅(판촉) •가격정책

살바네스키가 경쟁매장을 분석할 때 활용한 체크리스트를 살펴보자. 그의 체크리스트는 크게 입지와 전략에 대한 11개 항목 53개 세부사항을 다룬다.[37] 체크리스트가 상세하다는 것은 그만큼 생각하고 대비할 항목이 많다는 의미다. 실패 위험이 낮아지는 것은 물론이다.

누군가는 '나는 맥도날드가 아니다. 햄버거를 팔 것도 아니다. 굳이 53개 세부사항을 똑같이 점검해야 하는가?' 반문할 수 있다. 초점은 이 체크리스트를 똑같이 흉내 내자는 것이 아니다. 53개 세부사항을 적용할지 말지도 핵심은 아니다. 내 사업을 객관적으로 점검하기 위한 참고자료로 활용해볼 일이다. 경쟁매장이 아니라 자신의 사업에 대해 분석하고 점검해볼 수도 있지 않겠는가?

교차로

전국에 수백 개 중대형 슈퍼마켓을 운영하는 G유통의 박 차장에게 연락이 왔다. 매출하위 20% 매장들 가운데 어디를 폐점할지 골라내야 한다며 한숨을 쉬었다. 박 차장이 속한 점포개발 부서에서 보고서를 작성하면 반발이 심할 게 분명하므로 외부의 독립적인 평가를 받고 싶다는 요청이었다.

G유통 슈퍼마켓의 매출예측 프로젝트를 진행한 적이 있어서 어

〈도표40 : 슈퍼마켓 매출하위 매장 입지연구 사례〉

(출처 : 네이버지도)

떤 매장이 장사가 잘되는지 기본은 파악이 된 상태였다. 이번에는 하위 매장만 별도로 연구할 기회가 생긴 것이다. 매출하위 매장의 상세자료를 넘겨받았다. 동료와 함께 전국을 돌며 별도의 체크리스트에 현장조사에서 확보한 정보를 기록했다.

〔도표40〕은 서울시 노원구의 전철역 사거리다. 과거에 G유통 슈퍼마켓이 입점했던 자리였지만 지금은 영업하지 않는다. G유통의 매출 최하위권 20개 매장 중에서 절반 이상은 이처럼 대형 교차로를 끼고 눈에 잘 띄는 곳에 있었다. 왜 많은 매장이 대형 교차로 가까이에 있는지 박 차장에게 질문했다. "동서남북으로 교차로에 진입해서 신호를 기다리거나 이동할 때 가장 눈에 잘 띄는 곳이 어딘가요? 바로 교차로 사거리의 모서리에 위치한 장소입니다." 즉 G유통 내부의 출점기준에 따라 입점했다는 이야기였다. 그런데도 매출이 좋지 않으니 답답하다고 했다.

G유통과 슈퍼마켓 매출예측 프로젝트를 진행할 때 보너스카드를 이용하는 모든 고객 자료를 컴퓨터 지도에 입력했다. 하위매장을 분석할 때에도 해당 매장 고객들을 따로 뽑아 지도 위에 뿌려 보았다. 그러자 특이한 현상이 나타났다. Ⓢ에 위치한 슈퍼마켓의 장사가 잘되려면 ⒶⒷⒸⒹ구역에서 고루 고객이 방문해야 한다. 그런데 교차로의 차선이 왕복 4차선을 넘어가면 슈퍼마켓이 위치한 블록 외에 ⒷⒸⒹ지역 고객의 발길이 뜸해졌다.

슈퍼마켓 위치 Ⓢ는 주변 지역 어느 교차로보다 많은 차량이 지나가는 교통요지에 해당한다. 교통량이 많으니 자동차에서 잘 보이는 시인성은 나무랄 데 없다. 문제는 Ⓢ를 둘러싸고 왕복 8차선 대로가 십자(+) 형태로 도보접근성을 차단한다는 것이다. Ⓑ지역에서 Ⓢ매장으로 오려면 8차선 도로를 건너야 한다. Ⓒ와 Ⓓ지역은 중간에 커다란 화단이 있고 머리 위로는 북부간선도로가 지나간다. 물리적으로 멀고 심리적으로도 불편하다. 8차선 도로를 가로질러 맞은편까지 오가려는 의지가 꺾이기 쉽다.

대형할인점과 동네 슈퍼마켓은 쇼핑 패턴이 다르다. 대형할인점 이용객의 70~80%는 자동차를 이용한다. 구매품목의 종류와 장바구니의 무게는 자동차로 해결한다. 하지만 동네 슈퍼마켓은 대부분 양손으로 충분히 들고 갈 수 있는 분량만 사서 도보로 오가길 선호한다. 그런 소비특성을 고려한다면 6~8차선을 넘어가는 대로는 맞은 편 블록의 동선을 차단하는 심리적 유리장벽 역할을 하게 된다.

결국 중요한 점검사항은 고객의 관점이다. 맞은 편 3개 블록 Ⓑ ⒸⒹ에서 고객이 찾아오기 수월한가? 직접 횡단보도를 건너보고 살펴야 한다. 유모차를 끌거나 몸이 불편한 고객도 마음 편하게 매장을 드나들 수 있는가? 고객 입장에서 점검하고 여러 후보입지와 비교해보아야 한다.

군집

군집(cluster)은 경쟁매장을 포함해 상가가 어떻게 집단을 이루고 있는지 살피는 항목이다. 흔히 '감자탕집이 몰려 있는 곳에서 감자탕 장사가 더 잘된다'는 속설이 있다. '아니다, 가능하면 경쟁매장을 피해서 가게를 열라'는 조언도 있다. 누구의 말을 따라야 할까? 경쟁매장이 모여 있는 곳이 유리한지, 외따로 독립된 입지를 선택하는 게 좋은지는 업종마다 다르고 경쟁력에 따라서도 다르다. 물론 가장 중요한 것은 자신의 경영능력이다.

캐주얼 패션 브랜드의 매출예측 통계분석을 진행한 적이 있다. 전국 300개 매장의 모든 고객위치를 컴퓨터 지도에 입력했다. 전국을 500m 단위 정사각형으로 쪼개서 단위별로 인구, 가구, 주택, 부동산 가격, 아파트 가격 데이터를 1차로 추가했다. 상권의 발달

정도를 살펴보기 위해 전국 어디에나 점포를 내는 은행, 제과점, 편의점, 식당, 대형마트, 슈퍼마켓이 몇 개나 있는지 계산했다. 전국적인 부동산 토지가격을 파악하기 위해 표준지 공시지가도 반영했다.

패션 매장은 아웃렛과 쇼핑몰을 중심으로 여러 상점이 군집을 이루는 경우가 대부분이다. 전국 패션 아웃렛에 빠지지 않고 두루 출점하는 나이키, 아디다스 등의 스포츠 의류 브랜드는 물론 해당 브랜드와 직접 경쟁하는 캐주얼 브랜드의 점포수도 모두 입력했다. 경쟁매장의 매출액도 반영했다. 강력한 경쟁자가 있는 경우와 반대의 경우는 어떤지 궁금했기 때문이다. 약 150가지 변수를 집어넣어 통계분석을 수행했다.

그 결과 패션매장만 몰려 있는 곳에서는 매출이 낮았고, 경쟁매장 매출이 높은 곳에서는 해당 브랜드의 매출도 높다는 것을 알 수 있었다. 매출 좋은 캐주얼 브랜드가 몰려 있는 소형 패션몰이나 아웃렛에서는 장사가 잘된 반면 규모가 큰 패션몰이나 대형쇼핑몰에서는 오히려 매출이 높지 않았다.

자신의 매장을 살려주는 상승요소를 가진 군집이 있다면, 반대로 약하게 만드는 감점요소도 있다. 앞에서 소개한 B한식 브랜드는 반경 1km 이내에 경쟁매장이 4개 이상 있으면 매출이 저조하고, 경쟁매장이 없는 경우에는 매출 우수매장이 늘어났다. 경쟁이 치열해지면 당장 영향을 받는 경우다. B한식에는 다른 경쟁자가 진입하더라도 고정매출을 상승시킬 수 있도록 고객획득 능력을 키우는 것이 근본적인 처방이 될 것이다.

이처럼 군집효과는 긍정적인 측면과 부정적인 측면을 구분해서 살펴야 한다. 군집을 이룬 상가들 중에서 자신이 목표한 고객층이 존재하는지 파악하는 것이 우선이다. 해당지역 주거민, 직장인, 유동객의 특성이 자신의 잠재고객과 연관이 있는지 확인하자. 더 중요하게는 객관적인 고객만족 능력을 점검해야 한다. 경쟁이 치열해도 고객만족도가 높으면 경쟁구도는 방해꾼이 아니라 더 많은 잠재고객층을 만들어주는 토대가 된다.

배후인구

매출 1등급 매장만의 DNA가 따로 있을까? 외식산업에 종사하는 S프랜차이즈 매장들 중에서 수도권에서 가장 장사가 잘되는 1등급 120개 매장을 뽑아 별도로 분석했다. 매출에 영향을 미치는 내부변수와 외부변수를 구분했다. 내부변수에는 종업원수, 매니저의 경력, 근속연수, 개점일수, 전면길이, 주차장, 임대료처럼 매장과 직접적인 관련이 있는 요인을 말한다. 외부변수는 매장을 둘러싸고 있는 배후인구, 직장인, 유동객, 상권특성이 주로 반영된다.

내부변수는 변경이 가능하다. 매니저를 바꿀 수도 있고, 실내 인테리어에 변화를 줄 수도 있다. 메뉴를 개선하고 조명도 바꿀 수 있다. 하지만 외부변수는 통제가 거의 불가능하다. 배후인구의 규모, 연령구성, 가구특성을 내 마음대로 바꿀 수는 없다. 또한 동일한 내부역량이라도 외부조건에 따라 경영성과가 달라진다. 그래서 S프랜차이즈의 분석모형은 매장 매출에 영향을 미치는 외부변수를 최대한 과학적으로 해명하는 데 초점을 맞췄다.

우선 수도권을 1만 3100개의 우편번호구역으로 분할했다. 도로, 철도, 하천, 능선과 같은 지형지물도 반영했다. 1등급 매장의 DNA를 추출하기 위해 매출 데이터와 매장정보, 통계청의 인구·가구·주택 GIS 데이터, 신용카드 결제정보, GIS 인문사회정보가 동원되었다. S프랜차이즈에서 매출이 가장 우수한 매장의 매출액과 면적을 우선적으로 고려했다.

기초구역은 주거인구와 직장인 두 가지 기준을 가지고 4가지 유형으로 구분했다(〔도표41〕 참조). 크게 도심형과 교외형으로 나누고, 도심형은 다시 주거밀집형, 주거복합형, 오피스형으로 나누어 살폈다. 매장 면적을 기준으로 대형점과 소형점으로 나누면 모두 8가지 세부분류가 가능하다.

매출 우수점은 넓은 주차장을 확보한 대형점 60%, 기존 빌딩 안에 입점한 소형점 40%로 구성되었다. 대형점은 주거밀집지가 26.7%, 소형점은 주거복합형이 19.2%였다. 주거인구를 분석할 때는 공간범위를 넓혀 기초구역의 반경 1km까지 검토했는데 특히

〈도표41 : S외식 프랜차이즈 수도권 우수점 상권유형별 분포〉

구분		단독 대형(개수/비율)	입점 소형(개수/비율)	합계
도심형	주거밀집형	32개(26.7%)	11개(9.2%)	43개(35.8%)
	주거복합형	26개(21.7%)	23개(19.2%)	49개(40.8%)
	오피스형	5개(4.2%)	15개(12.5%)	20개(16.7%)
교외형		8개(6.7%)	–	8개(6.7%)
합계		71개(59.2%)	49개(40.8%)	120개(100%)

30~40대 주거인구가 가장 중요했다. 해당 기초구역 내 총종사자, 산업별 규모, 외식관련 카드사용금액, 법인·개인카드 사용비율, 연령대별 구성비, 가구구성(1인가구 · 2세대 등)에 따라 매출액이 달라졌다.

경쟁도 중요했다. S프랜차이즈 1등급 우수매장들이 둥지를 틀고 있는 기초구역의 배후인구는 3등급 배후지의 주거인구와 종사자를 합친 것의 절반 수준에 불과했다. 하지만 3등급 매장들은 주변에 경쟁 식당이 1등급 매장보다 평균 2배 더 많은 반면 외식지출액을 합산한 총액은 1등급 배후지의 절반 이하였다. 즉 3등급지는 배후인구가 2배 더 많다는 이점이 있었지만 상권의 매출규모는 1등급 배후지의 절반 수준이고 경쟁은 2배 높았다. S프랜차이즈는 이런 지역을 피해 입점과 동시에 안정적인 매출을 올릴 확률이 높은 지역을 선택하기로 했다.

유동객

매장에서 무언가를 구매하는 고객은 3가지 유형으로 구분할 수 있다. 매장 배후지역에 사는 주거민인가? 직장인인가? 누군가를 만나러 왔거나 지나치는 길에 잠깐 들른 경우인가? 입지분석에서 매장 매출에 직접 영향을 미치는 고객군이므로 이를 따져볼 필요가 있다. A피자 브랜드는 전국에 매장이 있다. 그중 서울 목동지역의 사례를 살펴보자.

인구, 가구, 주택, 일자리, 신용카드 결제량, 통신사의 유동인구 데이터를 반영하면 우리 고객이 어디에 있는지 알 수 있다. [도표42]에 보이는 배달권역은 모두 73개 세부블록으로 나뉘며 전체 면적은 5.9㎢로 대략 여의도의 2배 크기다. 분석 당시 배후지역에는 건물 6715동에 16만 4354명이 거주하고 있었다. 연령별로 살펴보면 배달피자를 즐겨 먹는 1~9세가 1만 7504명(11%), 10~19세가 2만 8559명(17%)이었다.

유동인구도 분석해보았다. 휴대폰을 사용할 때 가까운 기지국에 신호가 잡힌다. 기지국마다 통화량 데이터를 계속 쌓아서 마치 도로의 교통량을 예측하듯 지역별로 유동인구를 계산할 수 있다. [도표42]에는 작은 동그라미가 50m 단위로 찍혀 있다. 50m 단위로 연간 통화량을 계산하여 그 위치에 유동인구가 얼마나 많은지를 지리정보에 표시한 것이다. 유동인구가 몰릴수록 지도의 색이

〈도표42 : 서울 목동지역 피자배달권역의 유동인구 분포〉

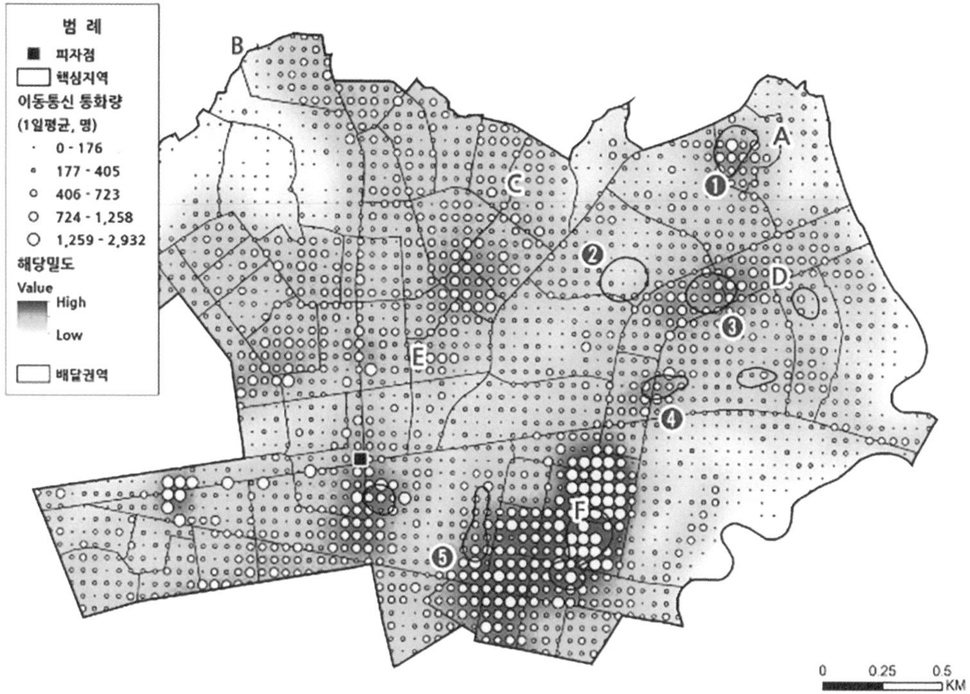

진해진다. 지도를 들여다보면 ⑤와 Ⓕ지역에 유동인구가 가장 많다는 것을 알 수 있다. 지하철과 대형백화점과 할인점이 집중된 곳이다.

이동통신사의 유동인구 데이터를 사용하기 어려울 때는 직접 조사한 데이터를 참고할 수 있다. 〈서울 유동인구조사 보고서〉가 좋은 예다. 물론 전국의 지방자치단체가 유동인구를 직접 조사하는 것은 아니며, 조사한다 해도 창업자가 관심 있는 모든 지역의 정보를 담아내지는 못한다. 그럼에도 스스로 관심지역의 유동인구를 조사할 때 비교자료로 활용하기는 좋다.

더 중요한 점은 어떻게 유동인구를 조사하는지 방법을 배울 수 있다는 점이다. 〈서울 유동인구조사 보고서〉에서 가장 먼저 배울 점은 눈대중으로 어림잡아 조사하지 않는다는 것이다. 일단 어디에서 조사할지 적절한 위치를 선정해야 한다. 관심지역 안에 사람들을 오가게 만드는 인구유발시설을 파악하고 그곳을 중심으로 다른 중요 거점 사이에 교차로, 횡단보도, 주출입구 등을 지정한다. 차량 통행도 전체적인 교통흐름을 살펴서 위치를 정해야 한다. 또 하나, 지점별·계절별·시간대별·입지유형별 유동인구를 성별·연령대별·직업별(학생, 회사원, 주부 등)로 구분하여 수치로 기록했다는 것도 주목할 점이다.

이런 조사방법을 참조해 관심지역의 지도를 종이에 출력해서 지점별로 번호나 이름을 붙인다. 그리고 조사를 나가면 날짜와 요일을 표시하고, 유동객이 지나갈 때마다 성별, 연령층, 직업을 추정해서 기록하고, 복장이나 소지품을 토대로 쇼핑하거나 장을 보고 가는지 업무용 가방을 가지고 다니는지를 기록한다([도표43] 참조).

유동인구 데이터는 매장을 개업한 후에도 지속적으로 기록할 필요가 있다. 사전조사 한 번으로 끝냈다가는 자칫 우물 안 개구

〈도표43 : 서울시 유동인구 조사지점 및 입력내용 예시〉

조사지점	조사지점명	유동인구 조사 기록지 입력내용	
01-001	평창치안센터(파출소)	조사일 : 년 월 일 요일	20세미만 명
01-002	구기빌딩앞(카리스)	조사시간 : ~	20~30대 명
01-003	신흥모피명품전문크리닝	남성 명	40~50대 명
01-004	우리농산물마트	여성 명	60대 이상 명
01-005	세검정정류장	캐주얼 명	추정 직업 : 학생 명 회사원 명 주부 명 …
01-006	○○문구사 입구	정장 명	
01-007	국민대학교 삼림과학대학 실습장	물건 소지 명	
01-008	안성타워 내 ○○공인중개사	빈손 통행 명	
01-009	○○ 손뜨기	기타 특이사항	
01-010	부암동 기아자동차		

리처럼 주변 상권의 변화를 감지하지 못해 위기를 자초할 수 있다. 〈서울시 유동인구조사 보고서〉는 개발에 따른 상권변화, 교통수단 변화, 유통업체 변경, 건물 신축 등을 꼼꼼히 반영하고 있어 각종 정책의 기초자료로 활용된다. 이를 위해 서울시는 1만 개 대표입지를 조사해 과거와 현재를 비교한다.

이처럼 개별 매장도 지속적으로 추적조사할 지점을 정해놓고 정기적으로 데이터를 쌓아가는 것이 좋다. 연도별·계절별·요일별·시간대별로 유동객의 규모와 특성이 어떻게 달라지는지 파악하는 것이다.

서울시처럼 유동인구 조사를 지속적으로 발표하는 지자체는 드물다. 별도의 유동인구 조사를 발표하지 않는 지역에서는 기차역, 전철역, 버스정류장, 고속도로 톨게이트, 교통량 조사지점 등 공개된 교통량 데이터를 최대한 수집해 계절별·연도별 추이를 파악하는 것이 좋다. 특정 상권에서 오랫동안 사업을 지속할 계획이라면 종이지도를 펴놓고 자신만의 조사지점을 따로 정해보기 바란다. 그런 다음 정기적으로 유동량을 기록해 과거 자료와 비교하면 중요한 패턴을 파악할 수 있다.

집객시설

정기적으로 유동인구를 조사하는 서울시의 보고서를 살펴보면 주목할 만한 숫자가 나온다. 유동인구의 81.5%는 조사지점을 매주 반복적으로 통행한다는 사실이다. '매일 통과' 30.4%, '주 3~5회 통과' 32.3%, '주 1~2회 통과'는 18.8%로 매주 3번 이상 조사지점을 통과하는 비율이 63%가량이다(〔도표5〕 참조). '첫 방문' 비율은 1000개 조사지점 통계를 확인해보니 평균 4.5%에 불과했다. 물론 이 비율은 평균으로, 조사지점에 따라 달라진다.

서울시 유동인구 조사에서 통행인구 1위를 기록한 곳은 명동 번화가였다. 그곳에서 진행된 속성조사표를 살펴보면 '매일 통과'는 10%, '주 3~5회'는 5%, '주 1~2회'는 10%에 그친 반면 '월 1~2회'는 40%, '6개월 1~3회'는 25%, '첫 방문'은 10%를 기록했다. 매주 통과하는 비율이 25%에 불과했다. 반면 서울시 중랑구 묵동 아파트 단지에서 조사한 결과는 전혀 다른 비율을 보여준다. '매일 통과' 80%, '주 3~5회' 5%, '주 1~2회' 5%, '월 1~2회' 10%였고 '6개월 1~3회'나 '첫 방문'은 아예 없었다. 이처럼 지역에 따라 평균적인 유동객의 통과횟수가 전혀 다르므로 이를 기준으로 관심지역의 특성을 비교해봐야 한다.

통행 목적을 직접 조사해보니 출퇴근, 업무관련, 등하교, 학업관련 등 '필수통행'이 39.4%로 가장 높은 비율을 차지했다. 그다음으로 '개인용무·집안일'(15.0%), '여가생활'(14.3%), '그냥 걸으려고'(9.5%), '물건구입'(9.3%) 순으로 응답했다.

이 모든 유동인구를 만들어내는 시설을 '집객시설'이라 부른다. 집객시설은 주거형, 상업형, 공업형, 문화사회형, 교통인프라형 등 5가지로 구분할 수 있다. 주거형은 아파트, 연립주택, 다세대, 단독주택, 상업용 건물 내 주택, 기숙사 등이다. 상업형은 다양한 제품과 서비스를 판매하는 시설로 전통시장, 백화점, 쇼핑몰, 대형마트, 슈퍼마켓, 편의점, 전문소매점 등을 아우른다. 공업형은 제조업이 기본인 각종 산업관련 시설물이다. 문화사회형 시설에는 공공청사, 학교, 체육관, 도서관, 복지시설, 연구시설, 종교시설, 공연장 등이 포함된다. 교통인프라형은 공항, 항만, 기차역, 전철역, 터미널, 정거장, 주차장, 광장, 공원, 녹지, 유원지 등을 말한다.

입지분석에서 집객시설을 자세히 살피는 이유는 주요 유동인구의 특성과 규모를 좌우하기 때문이다. 단지 아파트 세대수가 많거나 적다 혹은 유동인구가 풍부하거나 빈약하다고 판단하는 1차원적 분석을 넘어서야 한다. 예를 들어 대형 화장터로 가는 방향에 외국음식을 파는 식당이 있다면 매출이 좋을까? 그러기 쉽지 않다. 반면 길 건너편의 한식집 매출은 높을 것이다. 장례절차가 끝나고 돌아오는 길에 간단한 식사를 하는 수요가 있기 때문이다. 유동인구도 배후주거지도 없는 그곳은 오직 화장장례식 하나로 특수한 수요가 형성된다.

장사할 업종을 결정하려면 가장 중요한 핵심고객들이 거주하고 일하고 이동하는 최고의 배후지역을 골라야 한다. 아직 업종을 정하지 않은 채 관심지역만 정해놓은 경우라면, 해당지역의 집객시설을 자세히 살펴 충분히 제공되지 못한 사업기회가 무엇인지 따져봐야 한다. 이때 관심지역 외에도 특성이 유사한 여러 곳을 비교대상지로 올려두자. 그곳들을 직접 방문해 이미 충분한 고객층을 확보한 사업 목록을 정리한 후, 관심지역과 비교하여 포화된 업종과 아직 진출하지 않은 업종이 있는지 살펴보면 실패의 위험을 낮출 수 있다.

입지요인 체크리스트

매장을 고를 때에는 누구나 잠재고객이 많고 눈에 잘 띄며 미적 감각이 뒷받침되는 최적의 입지를 찾기 위해 노력한다. 이번에는 입지요인 체크리스트를 살펴보자. 건물 안에 입지를 정할 때에는 매장의 면적, 대로변 전면길이, 시인성, 접근성, 코너 여부, 횡단보도를 어떻게 고려해야 하는지 등을 알아야 한다.

건물

매장 선택에는 건물도 중요한 선택지다. 건물에도 얼굴이 있고 느낌이 있다. 스타벅스에서 오랫동안 점포개발과 부동산 업무를 총괄했던 아서 루빈펠드는 브랜딩 관점에서 입지를 검토했다. 미국마케팅협회의 정의에 따르면 브랜드란 '판매자가 자신의 상품이나 서비스를 다른 판매자들의 상품이나 서비스로부터 분명하게 구별 짓기 위한 이름이나 용어, 디자인, 상징 또는 기타 요소들'을 말한다. 하지만 단지 이름이나 상표 디자인이 멋있으면 되는 것이 아니라 브랜드에 대해 사람들이 어떻게 인식하고 있는지가 중요하다. 사람들이 우리 가게를 어떻게 기억하게 될까? 입지를 결정하기 전에 이 질문을 던지며 건물과 자신의 매장을 겹쳐서 상상해보야 한다.

건물과 브랜드는 어떻게 연결되는가? 프랑스 파리를 가보지 않은 사람들도 파리의 이미지는 머릿속에 각인되어 있다. 수많은 영화, 방송, 여행후기에서 만들어진 상징이 있다. 런던이라는 도시도 그렇다. 뉴욕도 뉴욕만의 이미지가 있다. 만약 파리, 런던, 뉴욕 중에서 하나만 골라서 여행을 가라고 한다면 어느 도시를 선택할 것인가? 세 도시 모두 가본 적 없는 사람에게도 이미 형성된 도시 이미지는 선택에 영향을 미친다. 서울만 해도 강북, 강남, 홍대앞, 명동, 가로수길, 청담동은 저마다 독특한 인식을 품게 한다. 마찬가지로 같은 상권 안에서도 건물마다 분위기가 다르고 같은 건물 안에서도 위치마다 가게의 느낌이 다르다.

거리와 건물이 만들어내는 풍경 속에 가게들은 저마다 독특한

〈도표44 : 입지요인 중 빌딩에 관한 체크리스트〉

해당사항에 모두 표시하시오	예	아니오
독특한 전면		
넓은 창		
매력적인 장식		
뛰어난 실내조명		
흠 없는 부동산 내부		
흠 없는 부동산 외부		
안전감		
쉽게 인지 가능함		
독특한 건축		
효율적인 매장배치		
뛰어난 외부 조명		
후면 조명		
잘 정돈되고 손질된 조경		

별도로 기입하시오
건축유형 : 신축 □ 재건축 □ 리모델링 □
대중교통 수단 : 버스정류장 □ 전철 □ 기차 □ 기타
외부간판 부착 가능 위치 :
주차위치 : 전면 □ 측면 □ 후면 □ 지하 □ 지상 □

분위기를 더한다. 중요한 것은 그다음이다. 매장 안으로 들어가고 싶은가? 기억에 뚜렷하게 남는가? 다시 방문하고 싶은가? 다른 사람에게 소개할 마음이 생기는가? 이런 경험의 종합으로 독특한 장소성이 만들어진다.

스타벅스의 아서 루빈펠드가 매장을 출점할 때 건물을 자세히 살피는 이유는 이처럼 고객의 관점에서 긍정적인 느낌을 만들 수 있는지 보기 위해서다. "입지는 부지의 위치는 물론 부지의 물리적 구도 및 특성, 즉 주변 지역에 대한 세세한 느낌과 건물과 거리 간의 균형감, 그리고 건물과 부지가 내 사업을 고객에게 나타내는 방식이 결합된 것이다."

맥도날드 부동산담당 부회장을 역임한 루이지 살바네스키는 입지 체크리스트 외에 건물을 점검하는 별도의 체크리스트를 작성해보라고 조언했다. 〔도표44〕에서 햄버거 체인점은 입주할 건물에서 무엇을 살폈는지 보고, 우리 매장에서는 무엇을 고려해야 할지 비교해 나만의 체크리스트를 만들어보자. 이 또한 일회성 참고자료가 아니다. 사업을 시작하면 매장을 여러 번 옮겨야 할 수도 있고 다른 업종을 창업할 수도 있다. 프랜차이즈 본부로 발전해서 많은 가맹점을 출점할 수도 있다. 그때 자신만의 출점 체크리스트를 유용한 점검자료로 활용할 수 있지 않겠는가.

노변 전면길이

만약 당신이 늦은 밤에 주택가 어두운 길을 걸어가는데 점점 왁자지껄한 소리가 들리며 가게 한 곳만 유리창이 환하다고 상상해보자. 그 앞을 지나며 보니 가게 안에 밝은 얼굴의 손님들이 가득하다. 어떤 생각이 들까? 나도 들어가서 기분 좋게 한잔하고 싶다고 생각하지 않을까? 만약 흥이 넘치고 술을 좋아하는 친구가 놀러온다면 이 가게를 떠올리지 않을까?

'장사의 신' 우노 다카시가 TV 다큐멘터리에서 이봉원을 데리고 찾아간 이자카야 매장은 손님과 사장의 목소리로 늦은 밤이 무색하게 시끌벅적했다. 흰색 머리띠를 두른 젊은 사장이 손뼉을 치며 주문한 안주를 만들겠다고 손님에게 알린다. 손님들의 표정은 하나같이 밝다. 이봉원도 대화가 즐거운지 환하게 웃고 있다. 그 옆에 앉은 우노 다카시는 주먹 쥔 손을 위아래로 흔들며 무언가 열정적으로 설명하고 있다. 철판구이 중앙 테이블과 뒤편 좌석에 앉아 있는 손님들은 홍취가 올라 열기가 느껴진다.

이런 장면을 길을 걷던 누군가가 살펴보고 그 후로도 여러 번 비슷한 모습을 봤다고 가정해보자. 지나가는 행인의 머릿속에 호감과 더불어 매장의 풍경이 각인될 것이다. 바깥 행인이 보기에 그 술집은 사람의 체온으로 가득한 멋진 '공연장'인 셈이다. 우노 다카시는 '사람의 체온'이 느껴지는 가게를 만들 때 불황과 경쟁을 극복할 저력이 생긴다고 말한다.

입지분석에서 도로변 창문은 매장의 얼굴에 해당한다. 사람의 첫인상처럼 매장의 생김새와 느낌은 상대방에게 호감을 주기도 하고 반감을 낳기도 한다. 중요한 것은 창문의 크기가 아니다. 매장 안이 전혀 보이지 않거나 포스터나 글씨로 가려져 내부가 보이지 않는다면 문제가 되겠지만, 중요한 것은 그게 아니다. 고객의 입장에서 매장에 대해 어떤 느낌을 갖게 될지 따져봐야 한다. 호감과 반감으로 나뉠 수 있다고 무덤덤하게 생각할 것이 아니라 '꼭 방문하고 싶은 매력'이 있는지 살펴보아야 한다.

도로변으로 펼쳐진 매장의 창문은 가게의 특성과 잘 어울려야 한다. 길이, 높이, 유리창 테두리, 실내조명, 인테리어 등이 두루 조화를 이루어야 한다. 하지만 이런 물리적인 요소들이 잘 갖춰진다고 최선에 도달한 것은 아니다. 매장 창문은 점주의 열의가 표현되는 캔버스와 같다. 마치 화가의 작품처럼 말이다. "승부를 포기한 사람의 가게는 메뉴판에서도 열의가 느껴지지 않는다." 우노 다카시는 가게를 경영하는 점주의 열정과 체온이 매장에 앉아 있는 손님들의 표정을 거쳐 아직 매장에 방문한 적 없는 잠재고객에게 전달된다고 생각한다.

우노 다카시가 매장 창문에 대한 열의를 강조한 것은 지나친 생각일까? 실제로 이 이야기를 상권분석 강의에서 소개했더니 어느 수강생이 '너무 억지스러운 과장법'이라며 웃었다. 조금 다른 표현이지만 거의 동일한 맥락의 표현이 아서 루빈펠드의 책에서도 나온다. 그도 매장의 창문을 공연장에 비유했다. "점포의 정면은 고객의 시선을 끌고 고객을 매장 안으로 끌어들이도록 꾸며야 하며, 가능한 유리창은 모두 정면에 설치해야 한다. 점포의 정면 대형유리는 무대가 되고, 점포 안의 고객과 점원은 배우가 된다. 지나가는 사람들은 대형유리를 통해 매장 안을 들여다보고, 그곳에서 무슨 일이 벌어지고 있는지 호기심과 관심을 갖게 된다. 결국 고객들이 사람들을 끌어들이는 것이다."[38]

매장의 얼굴이자 공연장으로서 매장의 대로변 전면길이는 최대한 개방적이고 긍정적인 분위기를 뿜어낼수록 좋다. 특별한 효과가 없다면 입간판, 포스터, 화분, 물건, 장치물이 정면을 가능한 가리지 않도록 관리해야 한다. 불투명 유리로 안쪽이 보이지 않는 매장, 포스터 흔적이 덕지덕지 남아 있는 매장, 유리창이 깨끗하게 관리되지 않은 매장, 출입구 주변에 쓰레기가 있고 지저분한 매장은 고객의 머릿속에 부정적인 이미지로 남을 것이다.

매장 크기

매장을 열 때에는 모든 게 어렵고 막막하기 바련이다. 그중에는 적당한 면적이 얼마인지 정하는 것도 포함된다. '클수록 좋다'는 주장도 있고 '작고 알차게 시작하라'는 조언도 설득력이 있다. 여기서는 매장 크기를 결정할 때 3가지 점검사항을 소개하려 한다. 첫째, 유사사례를 면밀히 조사하라. 둘째, 관심상권의 경쟁구도를 반영해야 한다. 셋째, 단계적으로 접근할 필요가 있다.

먼저 매장 면적에 대한 연구사례를 살펴보자. 2장에서 소개한 J 분식점 프랜차이즈의 통계분석 연구에는 매장 면적이 연매출에 미치는 영향에 대한 항목도 있었다. 연구진은 '매장의 면적이 작을수록 단위면적당 매출에 유리한 영향을 미칠 것'이라는 가설을 검증했다. 그 가설은 적중했다. 이에 대해 연구진은 매장이 크지 않아도 매출 효율성을 높일 수 있으며, 특히 분식점은 객단가가 높지 않기 때문에 소규모로 출점할 때 오히려 사업 가치가 나아질 수 있다고 해석했다. 물론 모든 업종과 모든 시기에 그대로 적용할 수는 없으니 참고자료로 활용해야 한다.

둘째, 매장을 낼 관심상권의 경쟁구도를 고려해야 한다. 서울 여의도는 대표적인 업무밀집 상권이다. 여의도에서 직장인을 상대로 음식점을 운영하던 김 사장은 다른 사업을 해보고 싶어 잘되던 음식점을 정리했다. 그러나 신규사업에서 엄청난 손실만 입고 접어야 했다. 다시 식당을 열려고 했지만 여의도에 가게를 차릴 만한 여력은 없었다. 대안으로 김 사장이 선택한 곳은 권리금이 아직 형성되지 않은 다른 업무밀집 지역이었다. 기업들이 막 입주하기 시작한 상암지역에 고깃집을 내기로 하고 상권을 조사했다.

그곳에는 이미 경쟁매장이 32개나 영업 중이었다. 그중 16곳은 직접 방문해서 판매품목, 가격대, 서비스 수준, 매장 면적(방, 테이블, 좌석수)을 기록했다. 나머지 16곳은 단체손님을 예약하고 싶다며 전화를 걸어 품목, 가격, 좌석수를 일일이 기록했다. 32곳의 입지, 접근성, 상품력, 매장 규모를 고려해 평균, 최고치, 최저치를 두루 살핀 다음 김 사장은 좌석수가 가장 많은 경쟁매장보다 1.5배 더 크게 식당을 열었다. 단체손님을 안정적으로 유치하기 위한 선택이었다.

이와 비슷한 전략을 스타벅스에서도 찾아볼 수 있다. 스타벅스는 대체로 대도시의 한복판 상업중심지에 매장을 집중적으로 개설한 다음 외곽의 주거밀집지로 확장하는 전략을 고수해왔다. 하지만 미국에서 가장 부동산 비용도 높고 경쟁도 치열한 뉴욕 맨해튼에 출점할 때는 정반대 전략을 취했다. 뉴욕 중심가로 출퇴근하는 전문직 종사자들이 거주하는 외곽 주거지에 먼저 매장을 연 다음 맨해튼 입성을 준비한 것이다. 맨해튼 중심가는 높은 임대료 때문에 커피점은 규모도 작고 포장손님이 대부분이었다. 이 점을 눈여겨본 스타벅스 전략부서는 인근 커피점의 평균 면적보다 3~4배 크게 입점했다. 널찍한 공간 덕분에 맨해튼의 스타벅스는 단번에 경쟁우위를 차지할 수 있었다.

셋째, 단계적으로 접근하는 것이다. 처음 정한 매장 크기가 고정불변한 건 아니다. 계약기간이 끝나면 옮겨야 한다. 경기신용보증재단은 자금의 어려움을 겪고 있는 소상공인이 은행에서 대출 받을 때 담보를 제공하는 보증지원 사업을 한다. 최근 10년 동안 약 40만 건, 12조 원에 달하는 보증지원을 수행하여 영세사업자가 생존할 수 있도록 도왔다. 사업자가 대출금을 갚지 못하면 신용보증재단이 대신 갚아야 한다. 그래서 신용보증재단은 누가 상환금을 잘 갚고 그렇지 못한지 예측력을 높이고 싶었다.

신용등급이 1~2등급이지만 대출금을 못 갚는 소상공인도 있고, 신용등급이 6등급 아래이지만 대출금을 잘 갚는 사람도 있다. 그래서 신용등급 6~9등급인 대출신청자 중에서 소매·음식·서비스업 종사자 1만 3211명의 대출상환 패턴을 분석했다. 누가 돈을 제때 갚고 누구는 갚지 못하는가? 대출자의 나이, 성별, 영업기간, 주소, 신용등급, 업종, 임차보증금, 월세, 차입금을 분석했다. 그랬더니 남성일수록, 월세가 높을수록 대출금 상환율이 뚝 떨어졌다. 반대로 여성일수록, 월세가 낮을수록 상환율이 높게 나왔다.

경기신용보증재단 연구의 교훈은 간단하다. 작게 시작하라는 것이다. 장사를 배우고 고객을 이해하고 실력을 키울 때까지는 월세 부담이 높은 번화한 상권보다는 이면상권이나 소박한 곳에서 1단계 생존을 달성하는 것이 안전하다. 보증금과 월세 부담을 낮추고 경영의 토대를 구축한 후에 더 경쟁이 치열한 곳으로 진출하는 것이 위험을 줄이는 한 방법이 될 수 있다.

경기도 신도시 아파트 밀집지역에 초밥전문점을 오픈한 사장이 있다. 처음에는 아파트 주출입구 옆에 좌석 9개짜리로 시작했다. 손님끼리 마주보고 대화를 나눌 수도 없고 초밥 만드는 요리사만 쳐다봐야 했다. 3년 동안 착실하게 단골을 늘리고 지역주민들의 호평을 쌓아갔다. 한 블록 건너 슈퍼마켓 뒤편에 중형 규모의 커피전문점이 문을 닫고 나갔다. 한동안 그 자리는 비어 있었다. 초밥집이 그곳으로 이전했다. 좌석은 30개로 늘었다. 옮긴 후에도 단골은 꾸준히 늘고 있다. 한 번의 출점으로 승부를 본 것이 아니라 2단계로 나눠서 생존과 확장을 이룬 사례다.

시인성

'시인성'을 국어사전에서 찾아보면 뜻풀이가 잘 나오지 않는다. 하지만 상권분석에 관한 교과서나 논문에는 자주 등장하는 단어다. 한영사전에는 시인성(visibility)을 금방 찾을 수 있다. 운전할 때 얼마나 멀리까지 잘 보이는지 살펴볼 때 '가시거리(可視距離)'라는 단어를 사용한다. 시력이 미치는 범위를 '시야(視野)'라 한다. 시인, 가시, 시력, 시야 모두 '눈'에 관련된 단어들이다. 시인성(視認性)의 한자 풀이는 '눈(視)으로 알아볼 수 있는(認) 두드러진

〈도표45 : 서울 목동 아파트단지 상가의 3월(왼쪽)과 6월(오른쪽) 시인성 비교〉

특성(性)'이다. 한마디로 '눈에 띄는 성질'이다.

정보통신분야 백과사전은 시인성을 조금 다르게 풀이한다. "배경에서 분리된 가시 대상의 존재나 색의 차이를 잘 볼 수 있는 상태를 뜻한다. 빛의 감각, 식별, 깜빡거림 등이 그 대상이며, 보는 대상의 크기, 밝기, 배경과의 대비에 따라 영향을 미친다. 가시성 중에서 특히 식별이 문제가 될 때 이것을 식별성이라 한다."

한겨울에는 밖에서 잘 보이던 2층 매장이 한여름에는 무성한 가로수 잎사귀에 가려 전혀 보이지 않는 경우가 있다. 대낮에는 잘 보이지 않던 24시간 곰탕집이 한밤중에는 네온간판과 커다란 유리창 너머 북적이는 손님들의 활기로 눈에 뚜렷하게 들어올 때가 있다. 번화한 사거리 고층빌딩 사이로 1~2층짜리 단독건물이 시선을 사로잡을 때도 있다. 때로는 특이한 글씨체의 간판이 시선을 끌기도 한다.

매장이 눈에 잘 띄는지 파악하려면 다양한 요소를 검토해야 한다. 우선 건물의 디자인이다. 건물 규모와 재질과 매장이 서로 잘 어울리는지 보자. 그다음으로 간판, 조명, 유리창, 출입구, 울타리, 매장 주변의 조경을 두루 살펴야 한다. 약속시간보다 먼저 매장에 도착해 맞은편 횡단보도에서 매장으로 오는 친구에게 길을 가르쳐준다고 가정해보자. 전화통화로 설명할 때 얼마나 간단하게 지금의 매장을 알려줄 수 있는가? 설명이 길어질수록, "잘 안 보여?"를 여러 번 외칠수록 시인성이 떨어지는 입지다.

시인성은 고객 입장에서 얼마나 잘 보이는지, 찾기 쉬운지, 복잡한 건물과 간판 사이에서 금방 눈에 띄는지 등 식별성을 높이는 서비스의 차원으로 이해할 필요가 있다. 고객이 더 빨리, 더 쉽게, 더 편리하게 매장으로 진입할 수 있도록 시각적으로 배려하는 것이다. 그런 맥락에서 오프라인 매장의 시인성뿐 아니라 온라인 검색 결과에도 매장 이미지가 잘 뜨는지, 온라인 지도와 내비게이션 안내가 알기 쉬운지도 수시로 확인하고 수정을 요구하거나 업데이트해야 한다.

접근성

접근성을 점검할 때에는 고객이 매장에 방문하기 위해 선택할 수 있는 수단을 모두 고려해보아야 한다. 가장 일반적인 경우는 도보, 대중교통, 자가용으로 방문하는 것일 텐데, 그때마다 각각 점검할 것이 달라진다. 도보로 매장을 방문할 때 불편한 점은 없을까? 매장으로 연결되는 모든 주요 도로와 인도를 확인해보자. 만약 공사가 진행되고 있다면 언제 끝나는지, 앞으로 예정된 주요 공사는 없는지도 파악해야 한다. 자전거나 오토바이 이용자가 온다면 어디에 거치대가 있는지, 건물에 따로 거치대가 없다면 어디에 보관하면 되는지 미리 알아두어야 한다.

대중교통은 택시, 버스, 전철 이용객이 기본이다. 매장에서 가장 가까운 정류장을 지나는 버스노선은 몇 개이며 첫차와 막차시간, 출발점·경유지역·종착점이 어떻게 연결되는지 하나하나 따져봐야 한다. 광역버스의 출퇴근 동선에 매장이 있는지, 마을버스만 간간이 오가는 곳인지에 따라 고객 접근성이 달라진다. 주요 도시에서는 버스정류장별로 승하차 이용객 통계를 발표하니 꼭 확인해서 인접 정류장의 이용객이 평균 이상인지, 과거 통계보다 줄어들고 있는 건 아닌지 등을 살펴야 한다. 단지 숫자가 좀 줄었구나, 늘었구나 정도로 끝나서는 안 된다. 왜 늘어나고 줄어드는지 이유를 알아야 한다.

만약 매장이 속한 상권 전체가 매력도를 잃어가면서 장기적인 침체 국면에 접어드는 곳이라면 결단이 필요하다. 자신의 매장은 그런 영향을 받지 않을 정도의 흡입력을 가지고 있는지 냉정히 따져보자. 조만간 대형 도시계획사업이 진행돼 주민들이 집을 비우고 떠날 곳에 매장을 계약한다면? 그 자체가 재앙이 될 것이다. 재개발 이슈 외에도 혹시 대형 혐오시설이 들어오거나 유사업종이 포함된 대형쇼핑몰이 들어오는지도 점검해야 할 사항이다.

전철과 철도는 공개된 통계가 풍부하다. 해당지역의 철도공사와 관리회사의 홈페이지에 들어가 이용객 통계를 꼭 찾아보자. 서울의 전철 2호선을 예로 살펴보자. 2010~15년 사이에 전체 승차객은 4% 늘었다. 같은 기간 동안 서울시 전역에 새로 개통된 전철역이 여럿이다. 같은 2호선이라 해도 신분당선, 9호선, 경인선, 지역별 경전철이 개통됨에 따라 이용객이 현저히 줄어든 역이 있는가 하면 같은 기간에만 80% 이상 늘어난 곳도 있다. 전철의 환승여부, 운행시간, 출입구 위치, 지하·지상 연결통로의 위치를 고려해 매장의 접근성을 따져보아야 한다.

자가용을 이용하는 고객에게는 주차가 중요한 이슈다. 잠깐의 주정차가 가능한가? 교통관리가 엄격한 지역인가? 주차장에 진입할 때 운전자 및 승객이 받는 느낌은 어떤가? 주요 영업시간대에 주차가 어렵지는 않은가? 입주할 건물의 주차장은 만차가 자주 되는가? 언제 그런가? 만차가 되면 대안은 있는가? 1차, 2차, 3차로 고객이 선택할 수 있는가? 주차비용은 어떻게 처리할 것인가? 주차가 너무 어렵거나 불편하거나 불쾌하면 매장선택 우선순위에서 밀리게 될 것이다.

계단, 에스컬레이터, 엘리베이터의 동선도 살펴야 한다. 계단을 이용할 때 너무 어둡지 않은가? 다른 가게와 관련된 물건, 냄새, 사람들과 마주칠 때 불편함은 없는가? 꼼꼼히 살펴야 한다.

코너

패션 브랜드의 최우수 매장 20개를 별도로 조사할 때 한 가지 눈에 띄는 점이 있었다. 길거리 코너에 위치한 매장이 80% 이상이었다는 점이다. 코너 매장의 강점은 유동객의 눈에 오랫동안 머문다는 것이다. 〔도표46〕의 이미지는 서울 홍대상권 중에서도 유동객이 많은 '주차장 골목'이다. 문화공연이 자주 열리는 상상마당 빌딩에서 한강 방향으로 동선이 형성된 곳이다. 횡단보도를 건너 '주차장 골목'으로 이동한다고 가정해보자.

평상시 가장 많은 유동객이 움직이는 흐름을 따라가 보자. ① 떡볶이집에 먼저 시선이 간다. 도보로 이동하건 자동차를 운전하건 좌우로 살펴야 하기 때문에 ②번 쪽도 눈길이 가기 마련이다. 그런 다음 곧바로 전방 진행방향 ③번으로 눈길이 이동한다. 물론 ①과 ③ 사이에 위치한 3개 매장도 힐끔 살펴본다. 그사이 유동객은 20m 앞의 '주차장 골목' 작은 사거리에 다다르는데, 여기서는 ④번에 위치한 편의점 매장이 가장 눈에 들어온다. ④번 방향으로

〈도표46 : 유동객의 이동방향에 따른 시선의 변화〉

(출처 : 카카오지도)

진행하면서 ⑤번 자리의 음식점도 잠깐 둘러본다. 작은 사거리 ⑥번에서 차량이 진입하지 않나 살펴본다.

작은 사거리에 들어서면 ⑦번 편의점이 시선의 대부분을 차지한다. 특별히 기억하려고 하지 않아도 자연스럽게 편의점 위치가 각인된다. '주차장 골목'에 머물며 밥을 먹고 차를 마시다가 혹시 편의점에서 물건 살 일이 생기면 가장 먼저 떠오르는 곳이 ⑦번이 될 가능성이 매우 높다. 다른 편의점을 따로 만나지 않는다면 확률은 더욱 높아진다. 비로소 ⑦번 위층 ⑧번에 실내주점이 있다는 것을 인지하게 된다. ⑦번 왼쪽은 사거리에서 좌회전하는 골목이다. 만약 계속 직진해서 상권을 둘러볼 생각이라면 시선은 ⑦번 왼쪽을 잠깐 살펴보고 곧바로 ⑨번을 향하게 될 것이다.

유동객 입장에서 시선의 주목을 가장 자주 받고 가장 오래 머무는 곳이 어디인지를 함께 살펴보았다. 복잡해 보이지만 ①부터 ⑨까지의 시선 변화는 불과 30m 도보구간에서 일어난 것이다.

모든 코너입지가 좋다는 결론으로 성급히 흐르지는 말자. 매장 후보 입지의 주요 유동객 흐름이 어디에서 시작해 어디로 흘러가는지 살피는 것이 먼저다. 주요 동선을 따라 자연스럽게 이동하면서 잠재고객의 시선이 어떻게 흘러가는지 파악하고, 그들의 머릿속에 어디가 가장 오랫동안 새겨질지 따져보자는 제안이다. 일반적으로 코너와 코너 사이의 매장은 시선이 오래 머물지 않고 지나치는 반면, 진행방향의 코너는 가장 뚜렷하게 유동객의 시선을 확보할 가능성이 높다.

횡단보도

횡단보도는 도로로 나뉜 길거리 양쪽 유동객의 발길을 연결해준다. 고객 입장에서는 도로를 건너 매장으로 가는 중요 수단이며, 매장으로서는 매출액에 영향을 미치는 입지요인이다. 길거리에 직접 노출된 매장은 횡단보도와 가까울수록 유리한 점이 있다.

첫째, 시인성이 높아진다. 신호등을 기다리는 동안 사람들은 자연스럽게 맞은편 신호등 주변의 상점을 쳐다보게 된다. 길을 건너는 중에도 좌우로 차량을 살피거나 거리의 풍경과 상점의 간판, 유리창에 주의를 돌리곤 한다. 횡단보도에 가까운 매장일수록 잠재고객의 시선이 더 자주, 더 오래 머물게 된다.

둘째, 접근성이 좋아진다. 횡단보도를 건너 곧바로 매장에 진입할 수 있으면 편리하지 않겠나. 자동차로 이동하는 고객이 길 건너 상점에서 뭔가를 사고 싶을 때, 상점이 횡단보도 가까이 있으면 잠깐 차를 정차하고 길을 건너면 되니 편하다.

한국부동산연구원에서 프랜차이즈 커피전문점의 입지특성이 매출에 어떤 영향을 미치는지 통계분석을 수행했다.[39] 서울에서 영업 중인 117개 프랜차이즈 커피전문점을 분석했다. 입지특성은 소상공인진흥원이 제공하는 인터넷 상권분석 시스템을 활용했다. 점포특성(면적·전면길이·무선인터넷·1층여부·테라스·주차공간), 접근특성(횡단보도와의 거리·전철역까지의 거리·코너여부·대로접면수), 입지특성(대형마트·집객시설·상점·경쟁매장·교통시설) 등 22개 변수를 검토했다.

커피전문점의 매출에 영향을 미칠 것으로 예상된 22개 변수 가운데 통계적으로 유의미한 것은 6가지였다. 특히 접근특성 중에서는 '횡단보도와의 거리'가 유일하게 중요변수로 채택되었다. 다른 조건이 모두 같은 상황에서 하나의 변수값만 다른 2개의 커피전문점이 있다고 가정했을 때 매장면적이 1㎡ 넓으면 매출액은 0.5% 증가하고, 가장 가까운 횡단보도까지 거리가 1m 줄어들수록 매출액은 0.1%씩 증가했다. 그 외에도 300m 반경 이내에 유흥주점, 전철역, 버스터미널, 백화점, 대형할인점 등의 대형 집객시설이 있는 경우 매출이 증가했다.

하지만 횡단보도가 마냥 긍정적인 역할만 하는 것은 아니다. 앞서 6차선 이상 교차로가 슈퍼마켓 매출에 부정적 영향을 미쳤던 사례를 떠올려보자. 횡단보도가 있느냐 없느냐만 따질 것이 아니라 고객의 관점에서 '이 횡단보도를 건너 맞은편 매장에 가고 싶은가'를 질문해야 한다. 유모차를 밀며 이동하는 부모 입장에서는 어떤가? 걸음이 느린 어르신에게 무난한 도로폭인지도 생각해볼 일이다. "아무리 빨리 걸어도 신호가 바뀌기 전에 8차로 횡단보도를 건너기 어렵다. 무리해서 횡단보도를 건너다 혹시라도 자동차에 부딪힐까 겁난다." 어느 노인 보행자의 하소연이다.

서울아산병원 노년내과와 KAIST가 보건의료원과 함께 노인의 보행속도와 건강의 상관관계를 연구했다. 측정항목에는 왕복 4차로·8차로·12차로 횡단보도를 제시간에 건널 수 있는지도 있었다. 4차로 횡단보도(10m)는 신호 시간이 17초이며 제시간에 건너려면 초당 0.588m로 걸어야 한다. 8차로는 27초(초당 0.741m), 12차로는 37초(초당 0.811m)에 건너야 한다.40 우리 매장의 잠재고객층은 이 속도를 무난히 감당할 수 있는가? 입지를 선정할 때 이 점도 감안해보자.

| Epilogue |

실패 최소화를 넘어 성공 극대화로

매년 폐업수가 90만을 넘는다. 실패가 넘쳐난다. 실패에 좌절하지 않고 재기에 성공하는 사람은 극소수다. 김재준 사장은 일곱 번의 실패를 딛고 여덟 번째 창업에서 반전을 이룬 극소수 중의 극소수다.

일곱 번의 실패는 뼈아팠다. 열여덟 살에 처음 장사를 시작해 서른여덟까지 실패를 반복했다. 조리용 앞치마를 두른 채 두꺼운 뿔테안경을 쓴 김 사장은 나이보다 훨씬 어려 보였다. 오른손을 들어 손바닥을 펴고 실패했던 업종을 떠올리며 손가락을 하나씩 접었다. "가락국숫집, 짜장면집, 분식집, 만두집, 치킨집, 족발집, 아이스크림집. 하다 그만뒀으니까, 망한 거죠."

김 사장은 마지막 가게를 운영할 때 사용했던 은행통장을 꺼내왔다. 통장 마지막 페이지에 잔고 3만 3052원이 찍혀 있었다.

"이때는 매일 이랬어요. 3만 원, 많을 때는 10만 원 남짓. 이 통장을 지금까지 간직하고 있어요. 마음이 해이해지거나 할 때 이 통장을 보면서 옛날 생각도 하고 '앞으로 더 열심히 해야겠다' 다짐도 해요."

김 사장이 일곱 번이나 실패를 반복했던 이유는 무엇일까? 인터뷰에서 김재준 사장이 자신의 실패를 숨기지 않고 담담하게 나열하는 모습은 인상적이었다. "그때 왜 안 됐나 생각해보니까요. 우선 남들하고 차별화되는 게 없었어요. 남들하고 똑같은 물건을 팔고, 똑같은 맛을 팔고. 차별화도 없고 나만의 개성도 없고."

유행만 쫓았던 이전의 실패 경험에서 교훈을 얻어 새롭게 준비하기로 마음먹었다. 일곱 번째 가게의 문을 닫고 길거리 음식을 연구하기 위해 일본으로 건너갔다.

일본과 대만까지 답사한 후 김재준 사장은 팥 음식을 만들기로 하고 기술을 배우기 위해 3년을 쏟아부었다. 차별화된 맛을 개발하기 위해 실험을 계속했다. 설탕 대신 과일을 이용해 단맛을 내고 조청으로 감칠맛을 더했다.

하지만 창업비용도 부족하고 임대료를 낼 상황이 아니었다. 차이나타운 만두집 앞 귀퉁이자리를 얻기 위해 주인에게 사정했다. 처음에는 여러 차례 거절당했다. 무작정 만두집에 가서 청소와 설거지를 자청했다. 그러기를 반복하자 만두집 주인의 마음이 움직였다. 끝내 만두집 입구 한쪽에서 팥빵을 팔아도 좋다는 허락을 받았다. 그때 눈물을 참을 수 없었다고 회고했다. 3년이 지나 일매출 300만 원이 넘는 사업장으로 성장했다. 지금은 만두집까지 인수해 가족과 함께 장사하고 있다.

사람은 실패에서 배우는 것이 아니다. 실패에 대한 성찰에서 배운다. 실패를 계속한다고 저절로 배울 수 있는 것은 없다. 김재준 사장이 경험한 일곱 번의 실패는 1차원적 경험이다. 첫 번째 실패 때 제대로 진단하고 성찰했더라면 이후의 실패는 경험하지 않았을 것이다. 다행히 자신의 반복된 실패가 차별화 없는 평범한 사업방식 때문이라는 깨달음을 얻었다. 성찰을 통해 2차원적 교훈을 끌어낼 수 있었다. 그리고 차별화가 가능하고 지속가능한 사업방식을 모색했다.

어떻게 장사해야 위험부담을 줄이고, 혼자서도 할 수 있으며, 기존 업종과 겹치지 않으면서 자신만의 고객층을 확대할 수 있을까? 오랜 모색 끝에 풍부한 유동객이 몰리는 인천차이나타운을 조사하고 분석했다. 3년의 준비기간을 통해 평범한 팥빵을 중국음식을 먹고 나서도 즐길 수 있는 디저트와 간식거리로 발전시켰다. 여기에 절실함이 더해져 빠른 시간 안에 상권의 명물이 되었다. 자신의 실패에서 배우고 타국 사례에서 대안을 찾아 해법을 만들어낸 결과다.

상권분석은 실패를 줄이고 성공을 키우는 과정이다. 사업주들이 창업과정에서 겪은 가장 큰 애로사항은 자금조달(66.1%), 상권·입지선정(44.8%), 업종선택(17.5%), 인력확보(16.9%) 순이었다.[41] 이처럼 어렵게 준비한 사업자금을 잘못된 상권과 입지에 투자하는 실패사례가 계속되고 있다. 반복되는 실패를 막기 위해서라도 상권분석을 할 때 기존의 실패사례 분석을 게을리하지 말아야 한다. 여기에 현재 뛰어난 성과를 내고 있는 성공사례에 관한 요인 분석이 결합될 때 실패를 피하고 성공적으로 자리잡는 해법을 찾을 수 있다.

P&G는 180년이 넘도록 비누, 샴푸, 세제 등 생활용품을 꾸준히 만들어온 기업이다. 2000년대 들어 P&G는 몇 차례 위기를 맞았다. 앨런 래플리(A. G. Lafley)는 CEO로 일하던 10년 동안 세계금융위기 속에서도 매출액 2배와 순수익 4배의 성장을 기록하고 은퇴했지만 회사의 요청으로 은퇴 5년 만에 복귀해 위기를 수습했다.

래플리의 성공에는 실패에 대한 그의 독특한 성찰이 깔려 있다. “P&G가 속한 생활소비재 산업에서는 신생 브랜드와 신상품의 80~85%가 3년 이내 실패합니다. 기업 M&A도 80% 이상이 실패합니다. 사업에서 실패는 일상적입니다. 최대한 많은 실수를 경험하되 똑같은 실수는 반복하지 않도록 노력했습니다. 나 또한 20년 전에 500억 규모의 투자를 실패해본 적도 있습니다.”

UCLA 경영대학원 초청강연에서 발표한 내용이다. 아무도 실패를 원하지 않지만 실패를 만나게 된다. 래플리의 선택은 실패를 근본적으로 분석하는 것이었다.

“나는 실패를 상세하게 연구했습니다. 문제점이 무엇이었는지 구체적으로 알게 되었고, 반복되는 실패의 패턴을 발견했습니다.

예를 들어 P&G가 최근 30년 동안 진행한 M&A에서 5가지 기본적인 실패의 이유를 찾았습니다. 나는 과거의 실패를 반복하지 않기 위해 단계마다 팀을 배치하고 사업과정을 챙겼습니다. 그 결과 25~30%에 머물던 성공률을 60% 이상으로 끌어올릴 수 있었습니다."[42]

또 다른 〈전국 소상공인 실태조사〉 결과가 발표되었다. 이 조사에는 사업체 2740개와 종사자 6320명이 응답에 참여했다. 경영상 애로사항이 무엇인지 물었다. 복수로 응답한 결과 상권쇠퇴(45.1%), 경쟁심화(43.3%), 원재료비(30.2%), 최저임금(18.0%), 임대료(16.2%) 순으로 어려운 것으로 나타났다. 5가지 모두 사업자가 마음대로 바꿀 수 없는 외부환경들이다. 그중에서도 가장 힘겨운 시련인 '상권쇠퇴'에 어떻게 대처해야 할까? 외부 변화에 대응하는 가장 현실적이고 강력한 대처법은 사업주가 변화시킬 수 있는 매장 내부의 고객 흡인력을 극대화하는 것이다. 끊임없이 변화하는 고객들의 요구사항을 계속 찾아보고 화답하는 꾸준한 대응만이 생존과 성장을 보장할 것이다.

다시, 상권분석이란 무엇인가? 자신의 가게와 외부 고객의 요구를 연결하는 실행과정이다. 고객 입장에서 오래 머물고 싶고, 다시 가고 싶으며, 널리 알리고 싶은 곳이 되기 위한 실천과정이다. 고객의 눈으로 보고, 고객의 마음으로 공감하고, 고객의 발길로 상권을 걸어보며 시작해야 한다. 남의 실패에서 나의 실패요소를 줄이고, 남의 성공에서 나의 방향을 찾아, 나만의 상권을 스스로 창조하는 작업이다. 권리금과 보증금 너머 사람의 마음을 읽어서 매장 안을 바꾸는 작업이 상권분석의 완결이다.

주(註)

1) 이성호 외, 〈호텔 식음 종사자와 소비자 간의 와인 선택속성 및 선호도 비교연구〉, 《한국외식산업학회지》, 2013, pp. 71~83.
2) 애덤 그랜트, 《오리지널스》, 한국경제신문사, 2016, pp. 72~73.
3) 중소벤처기업부, 〈2018년 전국 소상공인실태조사 시험조사〉 보도자료, 2019.02.27.
4) 이상윤, 《상권분석론》, 도서출판 두남, 2010, pp. 312~316.
5) Economist Intelligence Unit & PwC, "Gut & Gigabytes", 2014.
6) DBR, 〈제이 바니 유타대 최고석좌교수 강연 및 토론〉, 192호(2016년 1월).
7) 문성식, 〈외식업체의 일별 매출예측을 위한 탐색적 연구 : 피자전문점을 대상으로〉, 《경영교육연구》 28권 4호(2013), pp. 1~19.
8) 회귀분석은 자식의 키가 부모의 평균 키와 어떤 관계가 있는지 분석한 연구에서 비롯되었다. 자식의 키는 부모 키의 평균값으로 '되돌아간다'는 의미로 '회귀(回歸)'라는 표현을 사용한 영국 유전학자 프랜시스 골턴(Francis Galton)의 논문에서 유래했다.
9) 오세준·김동억, 〈프랜차이즈 분식점의 매출에 영향을 미치는 요인에 관한 연구〉, 《부동산·도시연구》 9권 1호(2016년 8월), pp. 145~161.
10) Richard Ronald, "Japan's urban singles", *Urban Geography*, 2018, 39:7, p. 1023.
11) 서울특별시의회, 〈서울시 1인가구 대책 정책연구〉, 2015.
12) 고가영, 〈1인가구 증가 소비지형도〉, LG경제연구소, 2014.
13) Financial Times, "Why Harvard's case studies are under fire", 2018.10.29.

14) 야니스 노맨드, 〈하버드 경영대학원 사례연구 교육의 역사〉, HBX, 2017.02.28.

15) FastCompany, "Howard Schultz And Arthur Rubinfeld On Sharing A Starbucks Order", 2010.10.13.

16) 아서 루빈펠드·콜린스 헤밍웨이, 《소매업 성공전략》, 럭스미디어, 2006, pp. 26~51.

17) 아서 루빈펠드 외, 앞의 책, pp. 289~297.

18) McKinsey Quarterly, "Starbucks' quest for healthy growth: An interview with Howard Schultz", 2011. 03.

19) 동아일보, "날씨 이야기 – 우리는 당신이 살 빵을 이미 알고 있다", 2018.05.12.

20) KBS 뉴스, "화제포착 – 날씨를 알면 돈이 보인다", 2013.06.24.

21) 유기용, "[연재칼럼] 정글에서 살아남기(1화) - 진짜를 구분하는 법", 블랙워터이슈, 2017.11.23.

22) 유기용, "[연재칼럼] 정글에서 살아남기(2화) - 무엇이 중요한가?", 블랙워터이슈, 2017.11.30.

23) 중앙일보, "이봉원 '장사의 신' 제자가 되다", 2014.03.21.

24) 중앙일보, "[인터뷰] 외식업을 움직이는 사람들 – 이재훈 셰프", 2017.02.22.

25) 채널A, 〈독한인생 서민갑부〉 18회, 2015.04.18.

26) 골드만삭스 소상공인 비즈니스 교육 프로그램 졸업식(2016.06.07). 관련 동영상 www.youtube.com/watch?v=LjAlKJvsOBs

27) SBS, 〈생활의 달인〉 480회, 2015.06.08.

28) Forbes, "The Store As 'Software' : How Apple Reimagined Retail -Again", 2018.07.01.

29) 매경이코노미, "금액대별 도전해볼 만한 프랜차이즈", 2015.07.20.

30) 토박이사전 편찬실, 《국어사전》, 보리, 2008, p. 720.

31) Urban Land Institute, *Shopping Center Development Handbook 3rdEdition*, ULIPress,1999, p.7.

32) 루이지 살바네스키,《상업용 부동산 입지 : 이론과 실제》, 부연사, 2004, p. 94.

33) 소상공인시장진흥공단, 〈자영업자 폐업 실태조사〉, 2014.07.

34) 중소기업청, 〈창업기업 실태조사〉, 2016, pp. 80~83.

35) Dana Tomlin, *GIS and Cartographic Modeling*, ESRI Press, 2013, 서문에서 언급함.

36) 월간중앙, "인터뷰 – 증권가의 미래학자 홍성국 대우증권 사장", 2015.03.17.

37) 루이지 살바네스키, 앞의 책, pp. 41~44.

38) 아서 루빈펠드 외, 앞의 책, p. 142.

39) 신우진·문소연, 〈프랜차이즈 커피전문점의 입지특성이 매출액에 미치는 영향 분석〉,《부동산학연구》, 2011, pp. 111~123.

40) 중앙일보, "8차선 횡단보도 벽차신가요 : 노인 사망률 2.5배", 2018.08.22.

41) 중소벤처기업부, 〈2018년 전국 소상공인실태조사 시험조사〉 보도자료, 2019.02.27.

42) Harvard Business Review, "Interview with A.G. Lafley 'I Think of My Failures as a Gift'", 2011. 04.

43) 중소벤처기업부, 〈2018년 기준 소상공인실태조사〉 잠정결과 보도자료, 2019.12.27.

상권은 매출이다

: 부동산이 아니라 손님을 보는 상권분석 이야기

2020년 2월 12일 초판 1쇄 발행
2023년 6월 1일 초판 2쇄 발행

지은이 송규봉

펴낸이 김은경
펴낸곳 ㈜북스톤
주소 서울특별시 성동구 성수이로20길 3, 602호
대표전화 02-6463-7000
팩스 02-6499-1706
이메일 info@book-stone.co.kr
출판등록 2015년 1월 2일 제2018-000078호

ISBN 979-11-87289-80-7 (03320)

이 책의 국립중앙도서관 출판예정도서목록(CIP)은 서지정보유통지원시스템 홈페이지(http://seoji.nl.go.kr)와 국가자료공동목록시스템(http://www.nl.go.kr/kolisnet)에서 이용하실 수 있습니다.(CIP 제어번호: CIP2020001717)

책값은 뒤표지에 있습니다. 잘못된 책은 구입처에서 바꿔드립니다.

북스톤은 세상에 오래 남는 책을 만들고자 합니다. 이에 동참을 원하는 독자 여러분의 아이디어와 원고를 기다리고 있습니다. 책으로 엮기를 원하는 기획이나 원고가 있으신 분은 연락처와 함께 이메일 info@book-stone.co.kr로 보내주세요. 돌에 새기듯, 오래 남는 지혜를 전하는 데 힘쓰겠습니다.